Bibliografische Information der Deutschen Nationalbibliothek:
Die Deutsche Nationalbibliothek verzeichnet diese Publikation
in der Deutschen Nationalbibliografie.
Detaillierte bibliografische Daten sind im Internet
über http://dnb.d-nb.de abrufbar.

3 2 1   C B A

© 2016 Ravensburger Buchverlag Otto Maier GmbH,
Postfach 1860, 88188 Ravensburg.
Alle Rechte, auch die des auszugsweisen Nachdrucks,
der fotomechanischen Wiedergabe und der Übersetzung, vorbehalten.

Titel der englischen Originalausgaben:
Stickmen's Guide to how Trains and Automobiles work;
Stickmen's Guide to how Aircraft work; Stickmen's Guide to how Watercraft work;
Stickmen's Guide to how Gigantic Machines work

Rechte der englischen Originalausgaben:
Hungry Tomato Ltd. 2015, Post Box 181, Edenbridge, Kent, TN8 9DP

Text: John Farndon
Illustrationen: John Paul
Copyright © 2015 Hungry Tomato Ltd.

Deutsche Ausgabe
Übersetzung: Dr. Wolfgang Hensel
ISBN 978-3-473-55439-3
www.ravensburger.de

Bildnachweis (o=oben, M=Mitte, u=unten, r=rechts, l=links)
Shutterstock: 9ol, 9M, 9ur, 10 ol, 10 Mr, 10u, 31 Mr, 31ul, 32ol, 32MM, 32Mr, 33ol, 33or, 33ul, 33ur,
41ur, 53 ol, 53ul, 54ol, 54M, 54Mr, 54ul, 55ol, 55or, 55ol, 58ul, 75ul, 76ul, 76ur, 77ol, 77or, 77Mr, 77ul,
81ol, 83ul; 10or und 10 Ml Irina Rogova; 11ur Takamex; 32or EtiAmmos; 32ul Lefteris Papaulakis;
33oru John Kropewnicki; 33Mr AlexanderZam; 33 Ml Paul Drabot; 40ur Bocman1973; 43ol De Visu;
54 ur chrisdomey; 55Ml Andy Lindstone; 55Mr rook76; 58or Seonard Zhukovsky; 77ur Olga Popova;
87Ml Gary Blakely.
Sonstige: 9o fotolia/digitalstock; 9u colorbox; 11ul Wikimedia Commons/U.S. Post Office, public domain;
33 Nasa, public domain (Bell X-1); 53 Mr fotolia/powell83; 73ur fotolia/irazzers; 75or fotolia/ted007.

SO FUNKTIONIERT'S!
FAHRZEUGE
UND MASCHINEN

Von John Farndon

Zeichnungen von John Paul

Ravensburger Buchverlag

Inhalt

Monster-
maschinen
74

Autos
und Züge
8

Schifffahrt
52

Verwendete Abkürzungen
t. = Tonne (1 Tonne = 1.000 kg), m = Meter (1 Meter = 100 cm), Mio. = Million
km/h = Kilometer in der Stunde, PS = Pferdestärken, v./n. Chr. = vor oder nach Christus / unserer Zeitrechnung

AUTOMOBILE UND ZÜGE

Automobile und Züge

Motoren haben unsere Welt dramatisch verändert. Bis vor zwei Jahrhunderten kamen wir auf dem Land nur auf Beinen voran – auf zwei beim Gehen und auf vier mit Pferden. Heute bewegen wir uns mithilfe von Autos, Motorrädern und Eisenbahnen. In diesem Kapitel lernst du, wie sie funktionieren.

Auf der Straße

Hast du schon einmal in einem Stau gesteckt? Dann weißt du, wie verstopft unsere Straßen manchmal sind. Im Jahre 2010 fuhren erstmals mehr als 1 Milliarde Autos auf der Welt. Experten schätzen, dass 2050 2,5 Milliarden Autos unterwegs sein werden. Die meisten Autos verbrauchen Benzin oder Dieselöl – sehr viel davon! Jedes Jahr verbrennen sie 5,7 Billionen Liter Treibstoff; zum Vergleich: Loch Ness in Schottland enthält 7,2 Billionen Liter Wasser.

Auf Schienen

3 Milliarden Kilometer legen Menschen jährlich mit dem Zug zurück. Die größten Eisenbahnfans leben in Indien: Dort fahren die Menschen jährlich etwa 1 Milliarde Kilometer mit der Bahn. Die Züge sind dort oft so überfüllt, dass die Reisenden auf die Waggondächer klettern. Das Schienennetz der Welt ist 2,3 Mio. Kilometer lang. Das Netz der USA ist mit 365.000 km länger als das von China und Russland zusammen. Während in den USA nur knapp 0,5% des Netzes elektrifiziert sind, sind es in China und Russland zwei Drittel.

Geschichte des Autos und der Eisenbahn

Obwohl das Rad eine uralte Erfindung ist, waren Pferde bis vor zwei Jahrhunderten das schnellste und einfachste Verkehrs- und Transportmittel. Dann bauten Erfinder die ersten Motoren und andere hatten die Idee, damit Räder anzutreiben. Damit war der Weg frei für Automobile und Eisenbahnen.

1837
Der Schotte Robert Davidson baut die erste Elektrolokomotive. Sie erreicht eine Geschwindigkeit von 6 Kilometer in der Stunde.

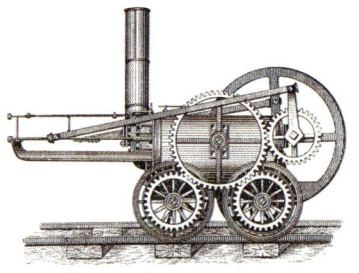

1804
Die Dampflokomotive des Ingenieurs Richard Trevithick aus Cornwall macht die erste Eisenbahnfahrt.

1770 n. Chr. **1805** **1840** **1875**

1770
Der Franzose Nicole-Joseph Cugnot baut einen dreirädrigen Dampfwagen und fährt damit gegen eine Mauer.

1830
Die berühmte Lokomotive Rocket von Robert Stephenson zieht den ersten Personenzug zwischen Liverpool und Manchester in England. Auf der Jungfernfahrt überfährt sie den Parlamentsabgeordneten William Huskisson.

1830
In Amerika wird die erste Eisenbahnlinie zwischen Baltimore und Ohio mit einem Rennen zwischen einem Pferd und der Dampflokomotive Tom Thump eröffnet – das Pferd gewinnt.

1805
Oliver Evans baut das erste amerikanische Dampffahrzeug: Das Amphibienfahrzeug konnte auf dem Wasser schwimmen und über Land fahren.

1863
Der Franzose Étienne Lenoir baut das Hippo-mobile, das erste Auto mit Vergasermotor.

1886
Carl Benz bietet zum ersten Mal ein Auto mit Benzinmotor, den Benz-Patent-Motorwagen zum Verkauf an.

1885
Gottlieb Daimler und Wilhelm Maybach bauen aus Versehen das erste Motorrad – eigentlich sollte es ein Auto werden.

2009
Die ersten, selbstständig einparkenden Autos kommen auf den Markt.

1908
Henry Ford baut den Ford T als erstes Auto auf dem Fließband. Das sparte Zeit und Geld. Autos waren nicht länger ein teures Luxusgut.

1910　　　**1945**　　　**1980**　　　**2015**

1879
Werner von Siemens konstruiert für die Berliner Gewerbeausstellung die erste praxistaugliche elektrische Eisenbahn.

1997
Der japanische Autohersteller Toyota bringt mit dem Prius das erste Hybrid-auto in Großserie auf den Markt. Es kann mit Strom oder Benzin fahren.

1869
Mit einem goldenen Schienennagel wird die erste transkontinentale Eisenbahnlinie der USA fertiggestellt. Der Hammer-schlag ging übrigens daneben.

AUTOS | Die wichtigsten Teile

Die ersten, vor 130 Jahren gebauten Autos waren eigentlich Pferdekutschen mit Motor statt Pferd. Damit haben die modernen, schnittigen Hightech-Autos nichts mehr gemeinsam. Heute gibt es Rennwagen, Solarautos und sogar fahrerlose Fahrzeuge. Einige Teile kommen aber in vielen Fahrzeugtypen vor. Hier könnt ihr euch mit den wichtigsten vertraut machen.

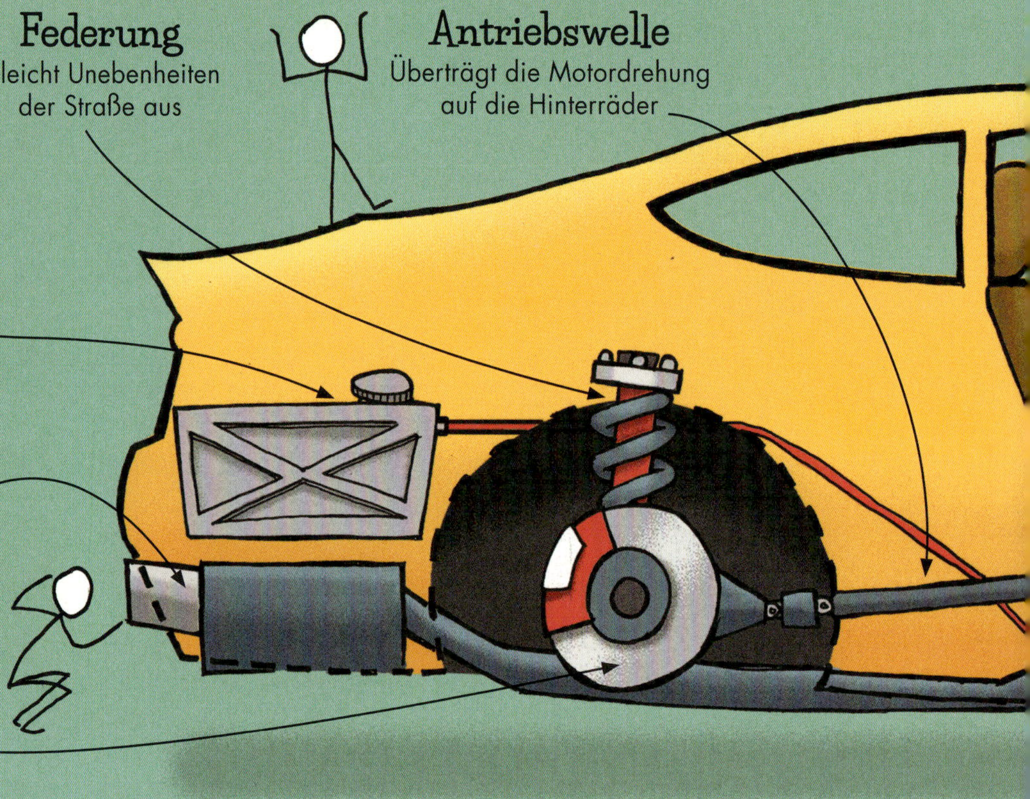

Federung
Gleicht Unebenheiten der Straße aus

Antriebswelle
Überträgt die Motordrehung auf die Hinterräder

Benzintank
Enthält das Benzin für den Motor

Auspuff
Leitet die heißen Gase aus dem Motor ab

Scheibenbremsen
Ein Bremsklotz drückt auf die Bremsscheibe und bringt das Auto zum Stehen.

Abgase

Der Auspuff leitet die Abgase ins Freie, die bei der Verbrennung von Treibstoff entstehen. Die Gase passieren einen Schalldämpfer und einen Katalysator, der giftige Bestandteile aus den Abgasen filtert.

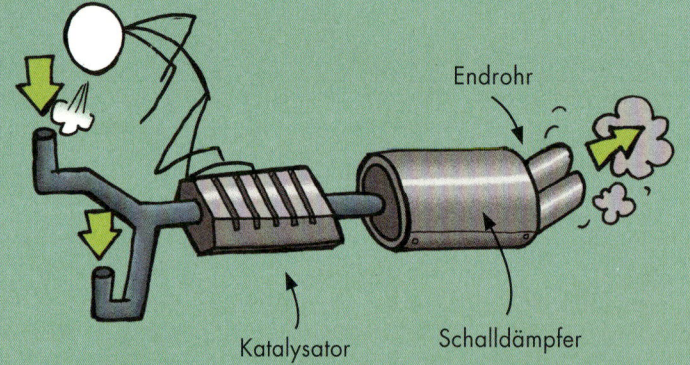

Endrohr

Katalysator

Schalldämpfer

Benzinzufuhr

Das Benzin gelangt über ein Ventil in die Zylinder des Motors. Dieses Ventil öffnet und schließt sich in gleichmäßigem Takt und spritzt jeweils eine bestimmte Menge Treibstoff ein. Das Ventil und die eingespritzte Treibstoffmenge werden elektronisch gesteuert.

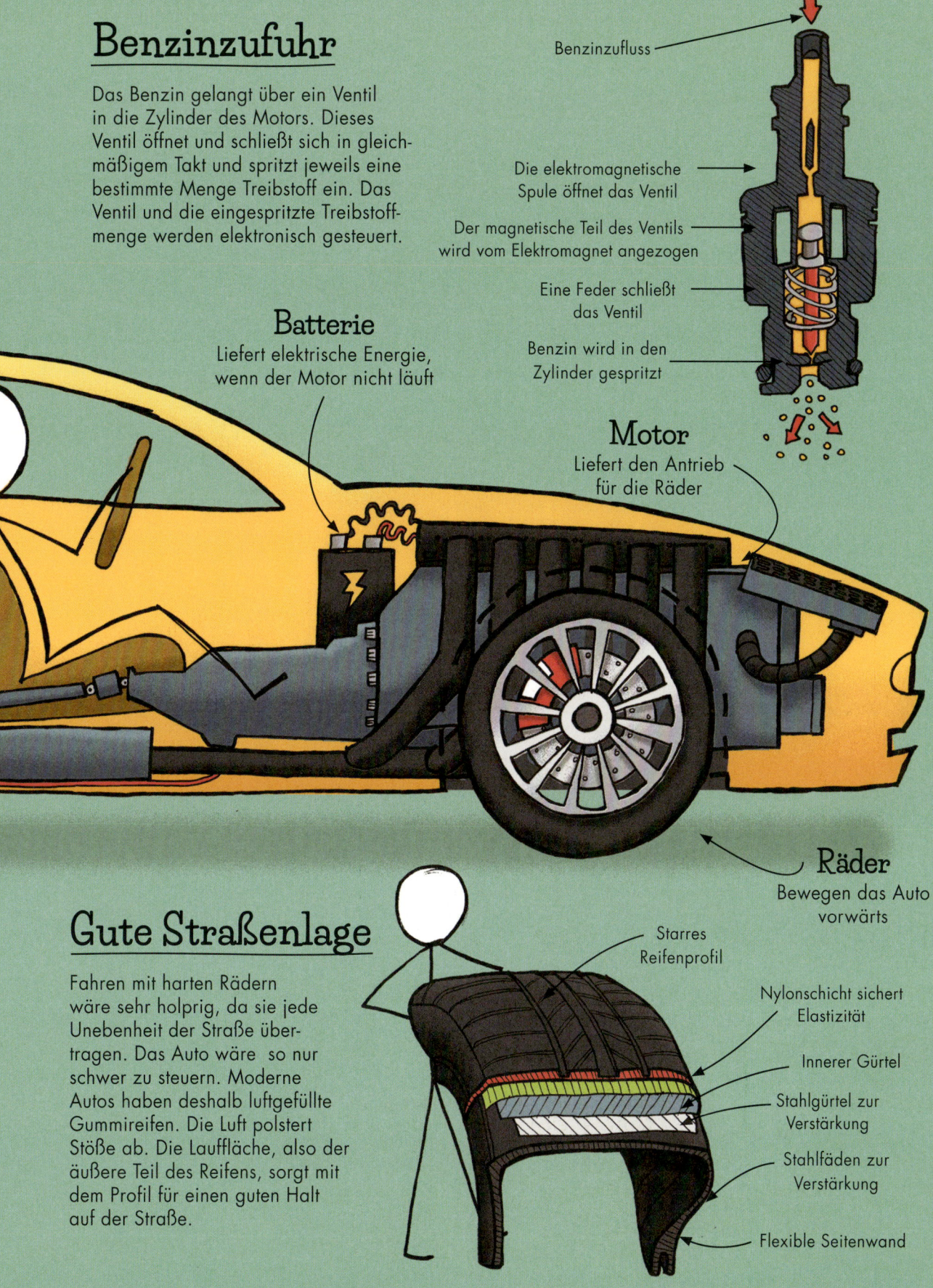

Benzinzufluss

Die elektromagnetische Spule öffnet das Ventil

Der magnetische Teil des Ventils wird vom Elektromagnet angezogen

Eine Feder schließt das Ventil

Benzin wird in den Zylinder gespritzt

Batterie
Liefert elektrische Energie, wenn der Motor nicht läuft

Motor
Liefert den Antrieb für die Räder

Räder
Bewegen das Auto vorwärts

Gute Straßenlage

Fahren mit harten Rädern wäre sehr holprig, da sie jede Unebenheit der Straße übertragen. Das Auto wäre so nur schwer zu steuern. Moderne Autos haben deshalb luftgefüllte Gummireifen. Die Luft polstert Stöße ab. Die Lauffläche, also der äußere Teil des Reifens, sorgt mit dem Profil für einen guten Halt auf der Straße.

Starres Reifenprofil

Nylonschicht sichert Elastizität

Innerer Gürtel

Stahlgürtel zur Verstärkung

Stahlfäden zur Verstärkung

Flexible Seitenwand

13

AUTOS | Der Motor

Winzige Funken entzünden mehrere hundertmal pro Sekunde das Gemisch aus Luft und Benzin über dem Kolben eines Zylinders. Dabei verbrennt jedes Mal etwa 1 Tausendstel eines Teelöffels Benzin, die Luft dehnt sich explosionsartig aus und drückt den Kolben in den Zylinder.

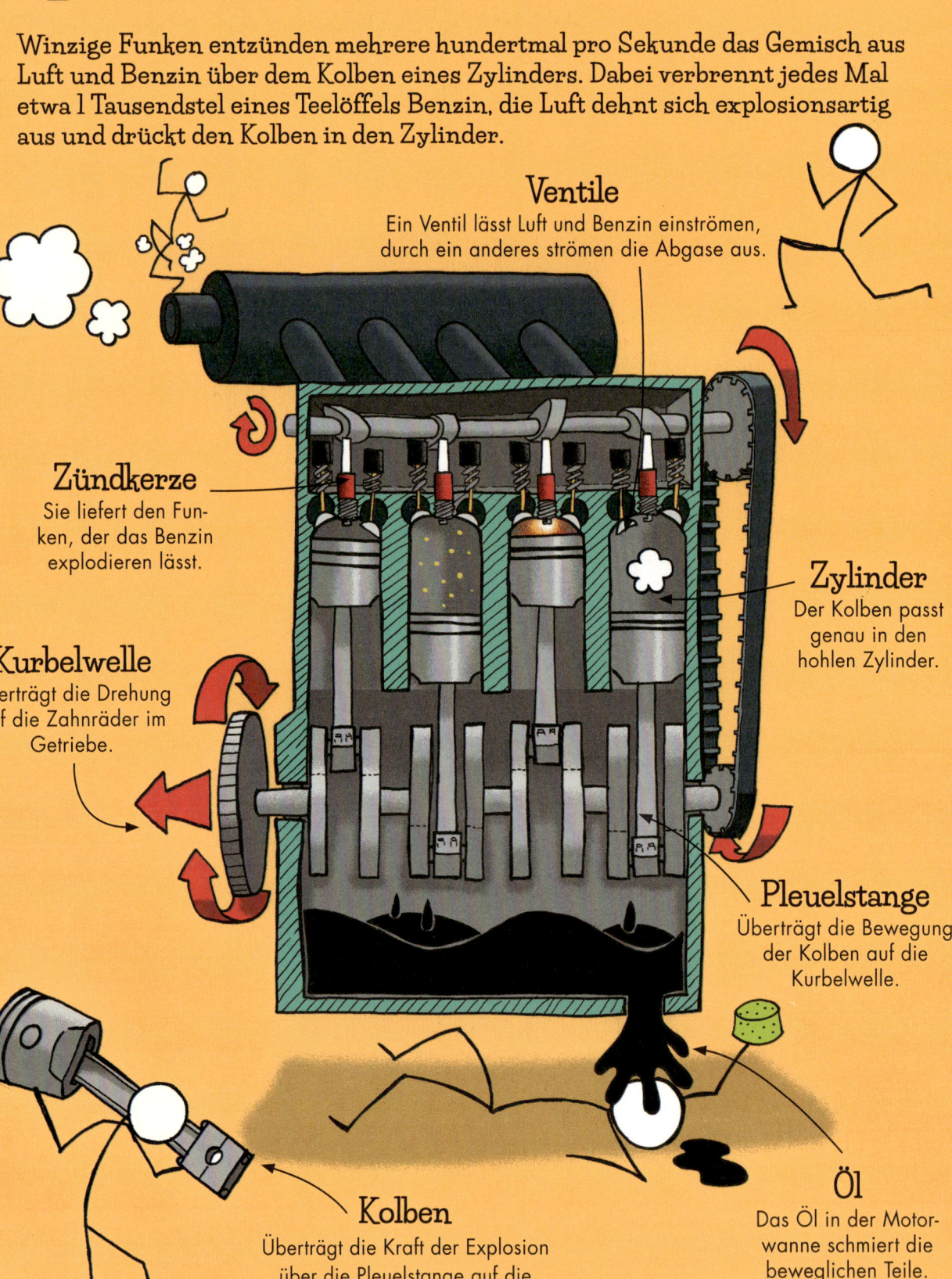

Ventile
Ein Ventil lässt Luft und Benzin einströmen, durch ein anderes strömen die Abgase aus.

Zündkerze
Sie liefert den Funken, der das Benzin explodieren lässt.

Zylinder
Der Kolben passt genau in den hohlen Zylinder.

Kurbelwelle
Überträgt die Drehung auf die Zahnräder im Getriebe.

Pleuelstange
Überträgt die Bewegung der Kolben auf die Kurbelwelle.

Kolben
Überträgt die Kraft der Explosion über die Pleuelstange auf die Kurbelwelle.

Öl
Das Öl in der Motorwanne schmiert die beweglichen Teile.

Der Viertaktmotor

Vor und nach jeder Explosion des Benzin-Luft-Gemischs durchlaufen Kolben und Ventile vier „Takte" – hier gezeigt für die Kolbenbewegung in einem Zylinder.

1 Ansaugen (abwärts)

Der Kolben bewegt sich nach unten und saugt durch das Einlassventil Luft und Benzin in den Kolben.

2 Verdichten (aufwärts)

Das Einlassventil schließt sich; der Kolben bewegt sich nach oben und presst Luft und Benzin zusammen.

3 Zünden (abwärts)

In der höchsten Stellung wird das Benzin-Luft-Gemisch entzündet, explodiert und treibt den Kolben nach unten.

4 Ausstoßen (aufwärts)

Der Kolben bewegt sich wieder nach oben und drückt die Abgase durch das geöffnete Auslassventil aus dem Zylinder.

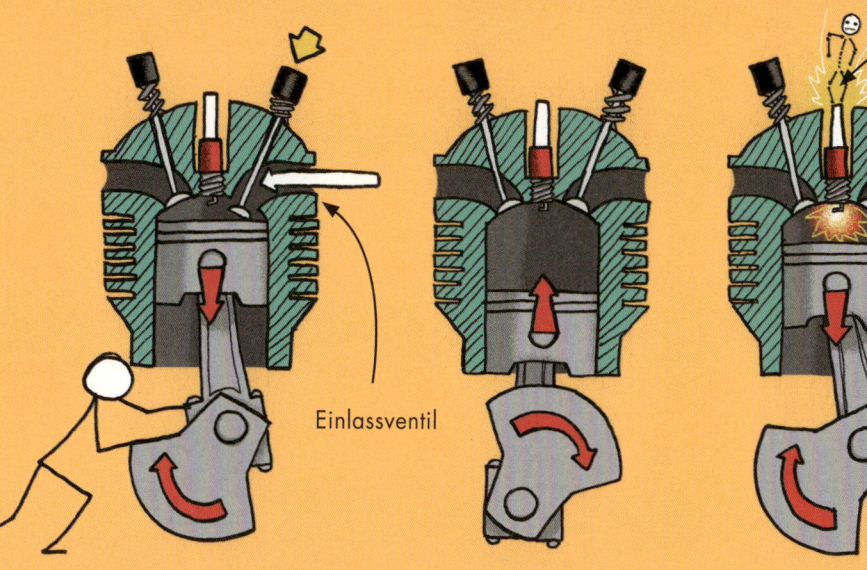
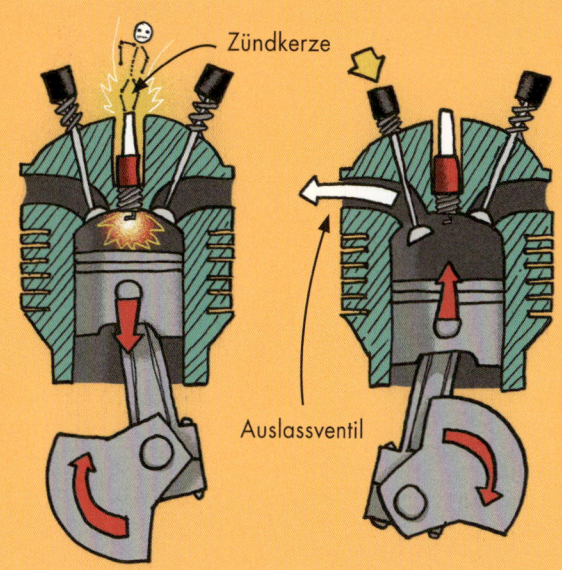

Einlassventil

Zündkerze

Auslassventil

In Gang kommen

Kraft vom Motor

Gangschaltungshebel

Kraftübertragung auf die Räder

Das Getriebe eines Autos besteht aus Zahnrädern unterschiedlicher Größe auf Wellen. Eine Welle wird durch den Motor angetrieben, die andere überträgt die Drehung auf die Räder. Die Gangschaltung schiebt die Zahnräder zu unterschiedlichen Paaren zusammen: die „Gänge" des Autos.

AUTOS | Räder und Bremsen

Das Rad eines Autos ist viel mehr als nur ein einfaches Rad! Die Federung gleicht Unebenheiten aus und hält das Rad auf der Straße. Die Bremsen verlangsamen oder stoppen die Fahrt, und die Vorderräder lenken das Auto in eine neue Richtung.

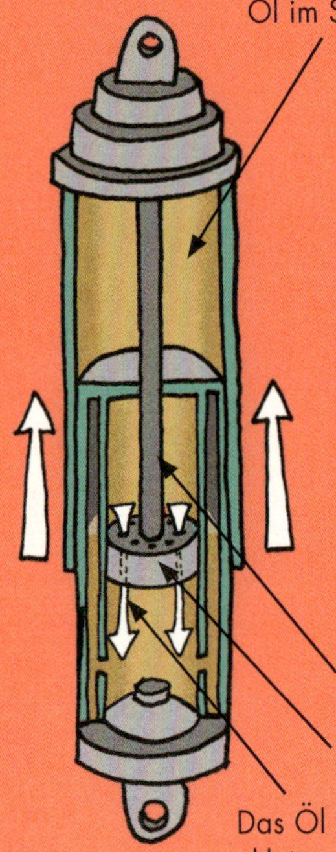

Öl im Stoßdämpfer

Die Federung

Die Federung besteht aus einer Metallfeder und einem Stoßdämpfer. Unebenheiten der Straße drücken die Metallfeder zusammen, dann dehnt sie sich wieder aus. Die Feder ist an einen Kolben im ölgefüllten Stoßdämpfer gekoppelt. Das Öl verlangsamt (dämpft) die Geschwindigkeit der Feder – ohne Stoßdämpfer würde das Auto hüpfen wie ein Känguru.

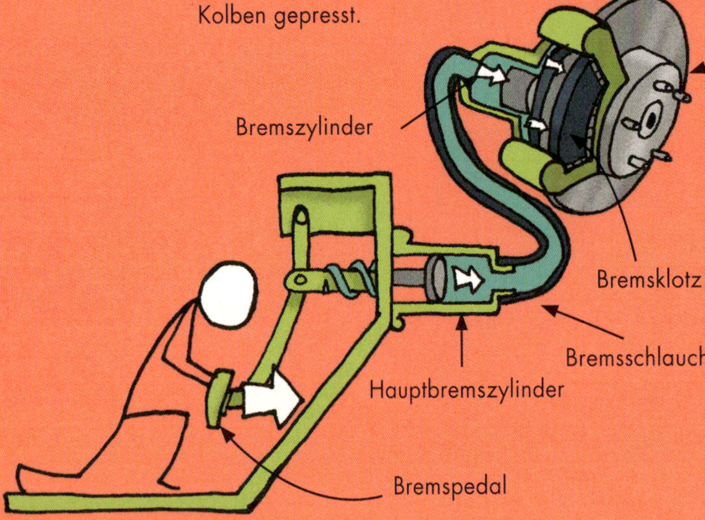

Kolbenstange

Dämpferkolben

Das Öl wird durch kleine Löcher im Kolben gepresst.

Bremsscheibe

Bremszylinder

Wie funktioniert eine Scheibenbremse?

Bremsklotz

Beim Tritt auf das Bremspedal wird das Auto langsamer. Das Pedal presst einen Kolben in den Hauptbremszylinder. Die Kolbenbewegung wird über Schläuche mit Bremsflüssigkeit auf die Bremszylinder an den Rädern übertragen. Diese pressen einen festen Bremsklotz auf die Bremsscheiben – die Reibung verlangsamt die Raddrehung.

Bremsschlauch

Hauptbremszylinder

Bremspedal

Hinterradantrieb

Früher fuhren viele Autos mit Hinterradantrieb: Die Drehung des Motors wurde über eine lange Antriebswelle unter dem Wagenboden auf die Hinterachse übertragen. Heute werden die meisten Autos mit Vorderradantrieb gebaut. Bei Jeeps und anderen Autos, die im Gelände fahren, wird die Motorkraft auf alle vier Räder übertragen – sie haben Vierrad- oder Allradantrieb.

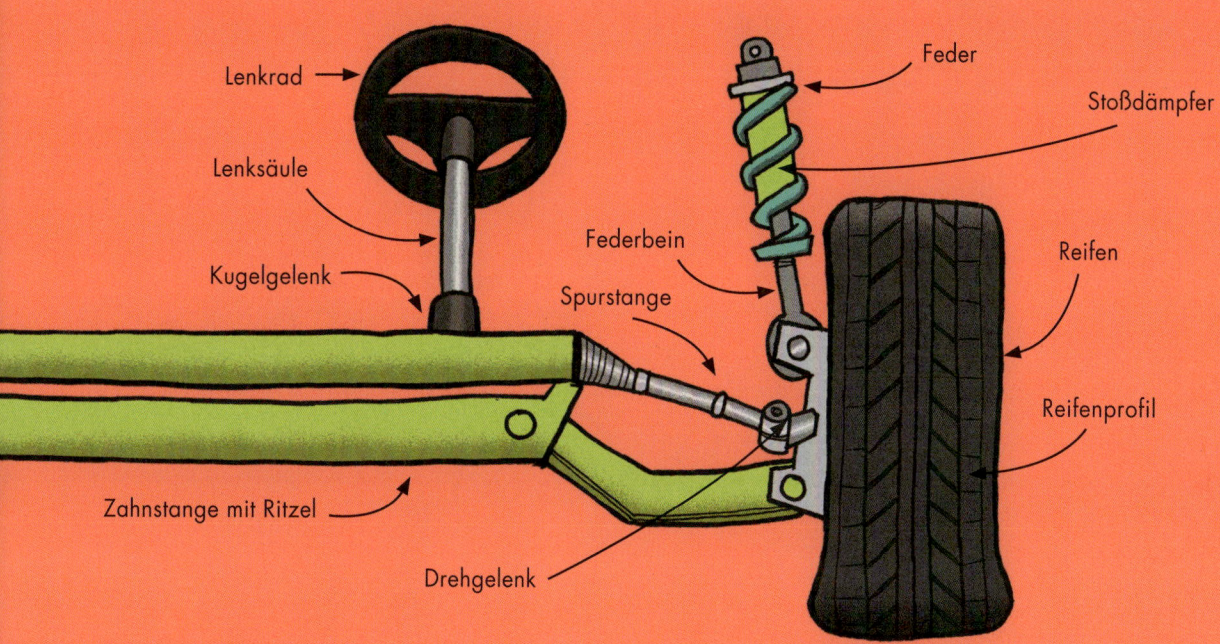

Lenkrad

Lenksäule

Kugelgelenk

Zahnstange mit Ritzel

Drehgelenk

Federbein

Spurstange

Feder

Stoßdämpfer

Reifen

Reifenprofil

Wie funktioniert die Lenkung?

Autos werden mit dem Lenkrad gesteuert. Die Drehung des Lenkrades wird über die Lenksäule und ein Zahnrad („Ritzel") auf die Zahnstange übertragen. Wenn sich das Ritzel dreht, wird die Zahnstange nach rechts oder links verschoben. In den meisten modernen Autos erleichtern eine Hydraulik oder Elektromotoren die Lenkung („Servolenkung").

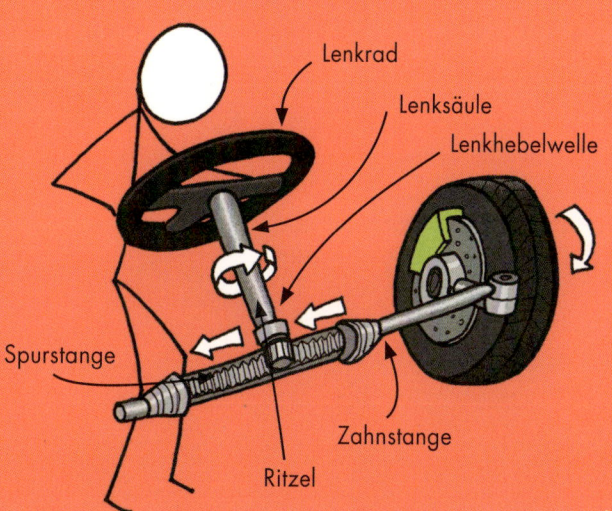

Lenkrad

Lenksäule

Lenkhebelwelle

Spurstange

Zahnstange

Ritzel

AUTOS | Moderne Technik

Moderne Autos haben mehr zu bieten als Motor, Steuerung und Bremsen. Sie bieten bessere Sicherheit bei Unfällen, zeigen den richtigen Weg an, helfen beim Parken und seit einiger Zeit gibt es sogar Autos, die ohne Fahrer auskommen. Elektronische Systeme nehmen dem Fahrer immer mehr Aufgaben ab. Vielleicht gibt es in der Zukunft Autos, die mit dem Smartphone gerufen werden und den Fahrer ans Ziel bringen.

Airbags wären gute Hüpfkissen.

Sicherheit im Auto

Jedes Jahr sterben weltweit 1,2 Mio. Menschen bei Autounfällen und 50 Mio. werden dabei verletzt. Daher haben moderne Autos Sicherheitssysteme, die Fahrer und Fahrgäste schützen. Sicherheitsgurte halten sie bei einem Aufprall im Sitz fest und Airbags verhindern, dass sie gegen das Lenkrad oder Armaturenbrett geschleudert werden.

Knautschzone

Die Fahrgastkabine ist durch einen stabilen „Käfig" besonders geschützt. Dazu besitzt jedes Auto die sogenannte „Knautschzone". Sie wird bei einem Aufprall zusammengedrückt und nimmt dem Stoß einen Teil seiner Energie. Autokonstrukteure simulieren Unfälle im „Crashtest", um die Sicherheit von Knautschzone und Fahrgastkabine zu überprüfen.

Wo in aller Welt ...?

Früher mussten Autofahrer ihr Ziel auf der Karte suchen. Heute orientieren sich die meisten mit einem GPS-Navigationsgerät. Es empfängt Signale von Satelliten, die um die Erde kreisen und den genauen Standort angeben. Die Elektronik misst, wie lange die Signale von drei oder vier Satelliten zum Navi unterwegs sind. Daraus wird errechnet, wie weit jeder der Satelliten vom Auto entfernt ist und wo sich das Auto gerade befindet.

Parken

Viele Fahrer haben Probleme, in sehr engen Lücken zu parken. Einige Autos übernehmen das mit einem „Parkassistenten". Wer parken möchte, schaltet die Automatik ein und der Wagen fädelt sich in die Lücke ein: Sensoren in den Stoßstangen messen die Abstände zu anderen Wagen und Hindernissen und das elektronische System leitet die Signale an Motor und Steuerung weiter.

Selbstfahrende Autos

In der Zukunft wird es Autos geben, die ohne Fahrer auskommen. Solche Autos arbeiten wie ein Roboter. Lasersensoren messen Hindernisse auf der Straße und leiten sie an ein Computersystem weiter. Noch sind solche Autos in der Erprobungsphase, doch in Kalifornien, Michigan, Florida und Nevada dürfen sie schon testweise fahren. Google hat ein Auto gebaut, das ohne Lenkrad und Fahrer auskommt.

AUTOS | Formel-1-Rennwagen

Formel-1-Rennwagen sind extrem leicht gebaut und werden von leistungsstarken Motoren angetrieben, die auf weit über 200 km/h beschleunigen können. Um stabil auf der Rennstrecke zu bleiben, sind sie sehr flach. Da bleibt wenig Platz für den Fahrer, der sich in eine enge Kabine quetschen muss und knapp zwei Finger breit über dem Asphalt sitzt. Wer schnell sein will, muss leiden!

Leichtbauweise

Die Karosserie von Formel-1-Rennwagen besteht aus einem einzigen Stück. Das nennen Experten Monocoque (gesprochen Monokock). Das ist Französisch und bedeutet „einschalig". Diese Schale wird aus leichter, aber sehr stabiler Kohlefaser hergestellt.

Der Bodeneffekt

Rennwagen sind aerodynamisch geformt: Der Luftstrom (Fahrtwind) drückt das fahrende Auto gegen den Boden. Dieser „Abtrieb" funktioniert wie der Auftrieb eines Flugzeugflügels – nur umgekehrt. Wie stark der Bodeneffekt sein darf, bestimmen die Regeln des Formel-1-Rennsports.

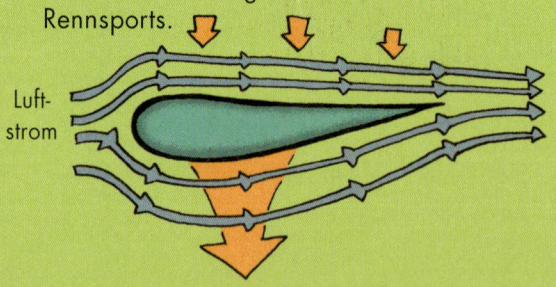

Luft-strom

Formel-1-Lenkrad

Fast alle Steuerelemente eines Rennwagens sind auf dem Lenkrad untergebracht. Der Fahrer schaltet mit einem Finger und hat viele Möglichkeiten, den Motor zu steuern. Auf einem Display sieht er den Zustand der Strecke und Anweisungen der Rennleitung und seines Teams.

1. Geschwindigkeitsbegrenzer für die Boxengasse
2. Differenzialsperre (+)
3. KERS
4. Gang höher schalten
5. Traktionskontrolle (+)
6. Stufenregelung des KERS
7. Kupplungsschalter
8. Traktionskontrolle
9. Teaminfo
10. Burnout
11. Multifunktionsschalter
12. Lambda (Benzin-Luft-Gemisch)
13. Diagnose
14. Winkelverstellung Heckflügelklappe
15. Kupplung
16. Schalter für die Differenzialsperre
17. Funkverkehr
18. Traktionskontrolle (–)
19. Gang herunter schalten
20. Motor ausschalten
21. Differenzialsperre (–)
22. Leerlauf
23. Display, Anzeige wechseln

Slicks

Formel-1-Rennwagen haben extrem breite, glatte Reifen. Die große Gummifläche dieser „Slicks" garantiert bei Trockenheit einen optimalen Kontakt zur Straße. Da ihnen das Profil normaler Reifen fehlt, ziehen die Teams bei Regen Regenreifen auf.

AUTOS | Hybrid-, Elektro- und Solarautos

Benzin- oder Dieselmotoren (Verbrennungsmotoren) stoßen durch den Auspuff große Mengen Gase aus, die die Luft verschmutzen. Abgase sind aber nicht nur gefährlich für die Gesundheit, sondern auch für das Weltklima. Daher arbeiten viele Autohersteller an sauberen Autos.

Benzin und Strom

Hybridautos haben sich inzwischen bewährt. Es sind Autos, die sowohl mit einem Benzin- als auch mit einem Elektromotor fahren. Einige Modelle haben nur einen kleinen Benzinmotor für gleichmäßige Fahrten, während ein Elektromotor die Hauptarbeit leistet. Bei anderen Modellen stammt die Leistung vorwiegend aus dem Benzinmotor.

1. Bei der Beschleunigung liefern Batterien Strom für den Elektromotor.

2. Bei gleichmäßiger Fahrt liefert der Elektromotor zusätzliche Antriebskraft.

3. Wenn das Auto langsamer wird, dient der Motor als Generator und lädt die Batterien auf.

Benzintank

Batterie

Verbrennungsmotor

Elektromotor und Generator

Elektroautos

Elektroautos mit Elektromotor sind sehr sauber, denn sie verbrennen keinen Treibstoff. Die Batterien müssen aber nach jeder Fahrt an der Steckdose wieder aufgeladen werden. Selbst in großen Städten gibt es nur sehr wenige Ladestationen und das Aufladen dauert lange.

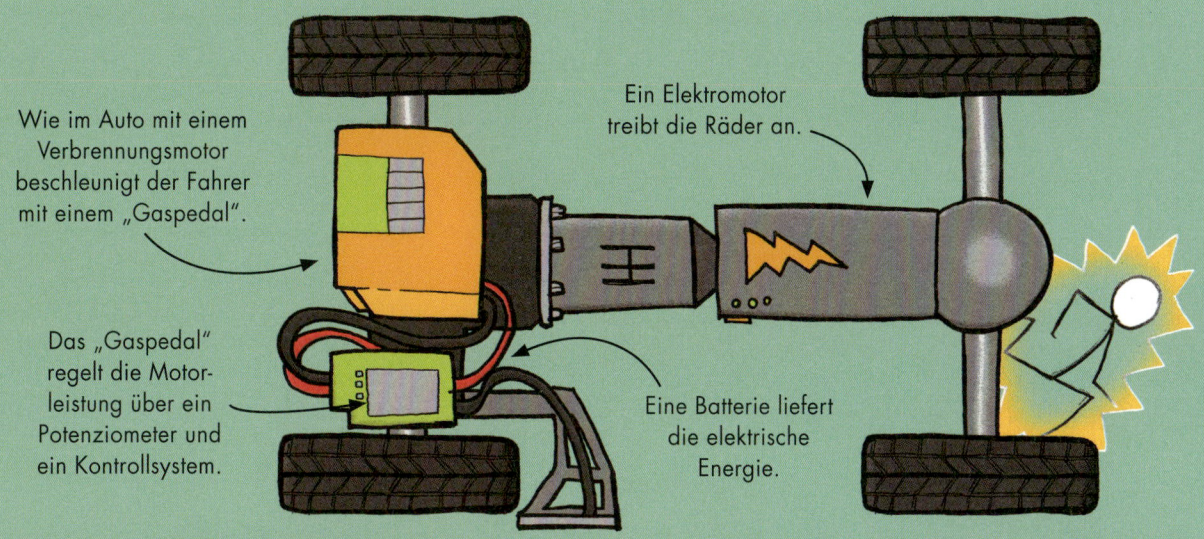

Wie im Auto mit einem Verbrennungsmotor beschleunigt der Fahrer mit einem „Gaspedal".

Ein Elektromotor treibt die Räder an.

Das „Gaspedal" regelt die Motorleistung über ein Potenziometer und ein Kontrollsystem.

Eine Batterie liefert die elektrische Energie.

Kraft von der Sonne

Wäre es nicht toll, wenn die Sonne die Energie für einen Automotor liefern könnte? Tatsächlich gibt es schon Solarautos mit Solarzellen auf dem Dach, die Sonnenlicht in Strom umwandeln. Leider liefern sie nicht genug Strom und nicht immer scheint die Sonne. Noch sind Solarautos also nicht sehr praktisch.

Wenn Sonnenlicht auf die Solarzellen trifft, erzeugen sie Strom für den Motor.

Solarzellen nutzen das Sonnenlicht.

Manchmal werden Solarzellen auch Fotovoltaik-Zellen genannt.

Der Strom aus den Solarzellen wird in der Batterie gespeichert und zum Elektromotor geleitet.

LOKOMOTIVEN | Die wichtigsten Teile

Züge sind an Schienen gebunden und können deshalb nicht überall fahren. Dafür kann eine einzige Lokomotive aber sehr viele Wagen ankoppeln und ziehen. Elektrische Hochgeschwindigkeitszüge und viele andere Zugtypen werden durch Oberleitungen oder Stromschienen mit Strom versorgt. Wo es sich nicht lohnt, Elektroleitungen zu verlegen, werden die Züge von Dieselloks gezogen, die ihren Treibstoff mitnehmen.

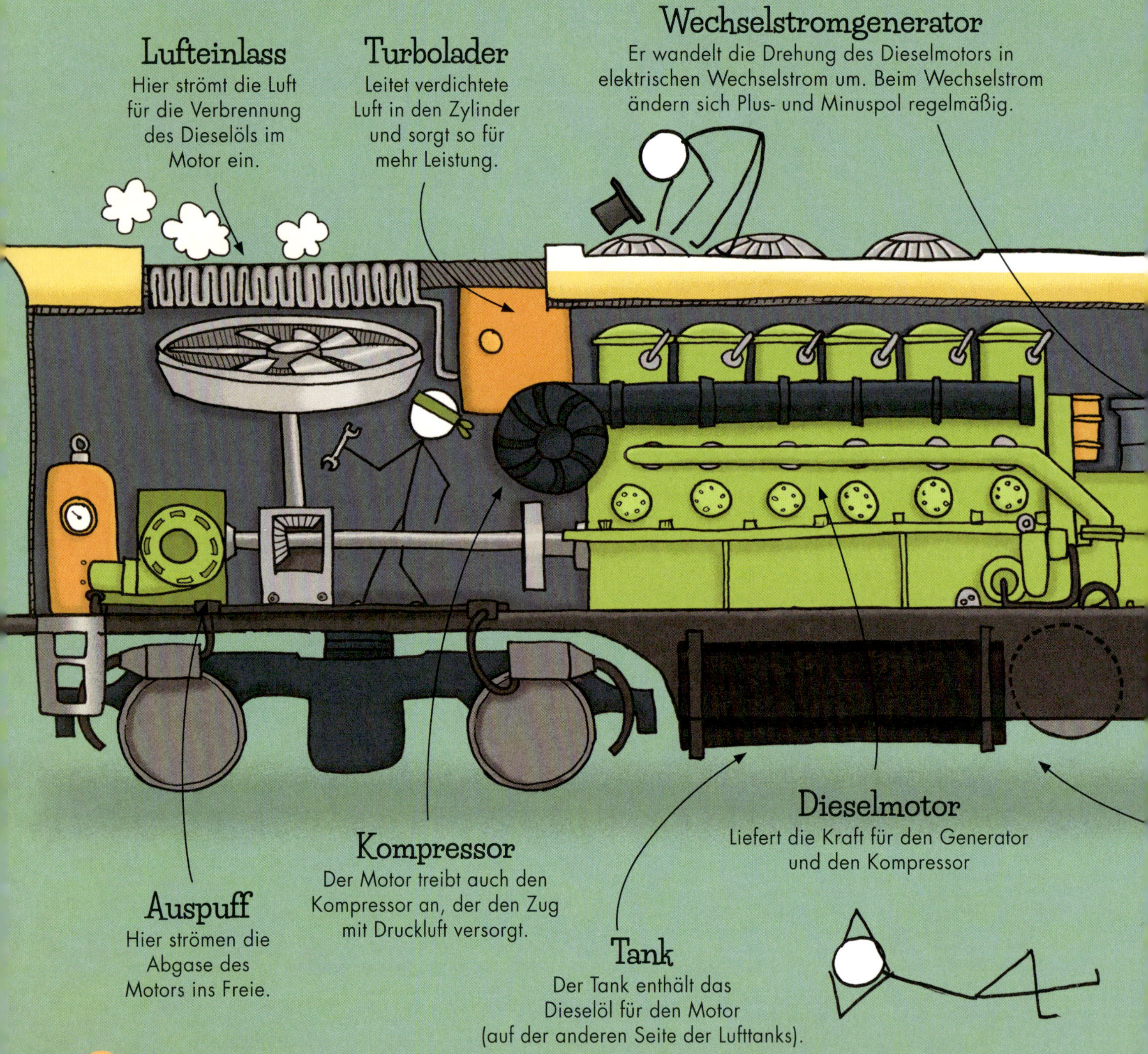

Lufteinlass
Hier strömt die Luft für die Verbrennung des Dieselöls im Motor ein.

Turbolader
Leitet verdichtete Luft in den Zylinder und sorgt so für mehr Leistung.

Wechselstromgenerator
Er wandelt die Drehung des Dieselmotors in elektrischen Wechselstrom um. Beim Wechselstrom ändern sich Plus- und Minuspol regelmäßig.

Kompressor
Der Motor treibt auch den Kompressor an, der den Zug mit Druckluft versorgt.

Dieselmotor
Liefert die Kraft für den Generator und den Kompressor

Auspuff
Hier strömen die Abgase des Motors ins Freie.

Tank
Der Tank enthält das Dieselöl für den Motor (auf der anderen Seite der Lufttanks).

24

Die Fahrerkabine

Der Lokführer sitzt in einer Kabine vorne in der Lok. Er startet und stoppt die Maschine, beschleunigt und bremst. Er kontrolliert die Anzeigen für Geschwindigkeit, Drehzahl, Motorleistung und den Generatorstrom. Außerdem achtet der Lokführer auf Signale an der Strecke, die ihm sagen, wie schnell er fahren darf und ob er anhalten muss.

Gleichrichter

Wandelt den Wechselstrom des Generators in Gleichstrom um.

Moderne Diesellokomotiven

In vielen modernen Diesellokomotiven treibt der Motor die Räder nicht direkt an, sondern liefert Energie für einen Generator. Der Generatorstrom treibt Elektromotoren an, deren Drehung auf die Räder übertragen wird. Die neuen Dieselloks sind bis 220 km/h schnell.

Sand

Die Druckluft aus dem Kompressor spritzt Sand vor die Räder auf die Schiene, damit die Räder beim Bremsen nicht rutschen.

Elektrische Fahrmotoren

Die Motoren im Drehgestell unter der Lok treiben die Räder an. Sie sind über eine Stromleitung mit der Lok verbunden.

Drucklufttank

Die Druckluft wird in Tanks gepresst; die Bremsen arbeiten mit Druckluft.

Nutzbremse

Beim Bremsen werden die Elektromotoren zu Generatoren umgeschaltet, die Strom liefern. Die Lok wird gebremst und der gewonnene Strom genutzt.

LOKOMOTIVEN | Elektroloks

Stell dir vor, du rast mit einem Affenzahn durch die Landschaft, sitzt dabei in einem bequemen Sessel und kannst nebenher etwas essen oder spielen: In einem modernen Hochgeschwindigkeitszug ist das kein Problem. Solche bis 300 km/h schnelle Züge fahren in Westeuropa, Japan und China. Da ihre Energie aus Elektromotoren stammt, sind sie nicht nur schnell, sondern auch sauber.

Schaltwerk
Steuert den Stromfluss zu den Elektromotoren und damit die Geschwindigkeit.

Stromabnehmer
Leitet den Strom der Oberleitung in die Lokomotive.

Transformator
Wandelt die Hochspannung der Leitung in die Betriebsspannung des Motors um.

Batterien

Stromversorgung

Der bewegliche Stromabnehmer der fahrenden Elektrolokomotive drückt auf die Oberleitung und leitet den Strom zum Transformator in der Lok. Er wandelt die Hochspannung in die Betriebsspannung für die Motoren um. Der Lokführer regelt die Geschwindigkeit über das Schaltwerk, das den Stromfluss zu den Elektromotoren kontrolliert.

In der Fahrerkabine

Der Lokführer im Intercity-Express (ICE)
hat alles in Griffweite. Die Skala links
zeigt die Motorleistung, eine andere die
Geschwindigkeit an. Auf den Displays
kann er alle Daten über die Systeme und
die Funktionen des Zuges ablesen.
Bei sehr schneller Fahrt übernimmt ein
automatisches System die Steuerung:
Es zeigt dem Lokführer an, ob die Strecke
frei ist und bremst selbsttätig, falls der
Lokführer nicht schnell genug reagiert.

Freontanks
Flüssiges Freon aus den Tanks kühlt die Elektronik.

Fahrerkabine

Elektromotoren

Motordrehgestell
Es trägt die Elektromotoren,
die die Räder antreiben.

In der Spur bleiben

Die Form der Räder hält einen Zug auf den Schienen. Jedes Rad trägt
innen einen Spurkranz, der verhindert, dass die Räder aus den Schienen springen. Die Schienen von normalen Zügen liegen auf Schwellen
in lockerem Schotter.
Hochgeschwindigkeitszüge
brauchen ein stabileres,
betoniertes Gleisbett, damit
die Züge ruhig laufen.

LOKOMOTIVEN | Magnetschwebebahnen

Die schnellsten Züge der Welt brauchen weder Räder noch Motoren. Sie schweben auf einem „Magnetkissen" zwischen Spur und Zug. Die Magnetschwebebahn wurde in Deutschland erfunden und erprobt, kommt aber erst auf wenigen Strecken zum Einsatz. In Japan fuhr im Frühling 2015 eine JR-Maglev-Magnetschwebebahn mit mehr als 600 km/h schneller als jede andere Bahn bisher.

Gegensätzliche Pole von Magneten (plus/minus) ziehen sich an.

Gleiche Pole von Magneten stoßen sich ab.

Magnetkissen

Beim Elektrodynamischen Schwebesystem (EDS) sind Elektromagneten sowohl in der Schwebebahn als auch in der Spur eingebaut. Durch die Abstoßung schwebt der Zug über der Spur. Die sehr starken Magneten sind „supraleitend" – sie werden durch flüssigen Stickstoff auf eine Temperatur von minus 184 °C abgekühlt.

Von Pol zu Pol

Jeder Magnet hat zwei Enden oder Pole. Gleiche Pole stoßen sich ab, gegensätzliche Pole ziehen sich an. Die Spur einer EDS-Schwebebahn hat auf einer Seite einen Nordpol-, auf der anderen einen Südpol-Magneten. Sie ziehen die Elektromagnete im Zug abwechselnd an und stoßen sie wieder ab: Der Zug bleibt in der Schwebe und wird gleichzeitig nach vorn geschoben.

Die gleichen magnetischen Pole in Spur und Schwebebahn halten die Bahn in der Schwebe über der Spur.

Weil sich in den Spurmagneten Abstoßung und Anziehung ständig ändern, wird die Bahn nach vorn geschoben.

Geisterhaftes Gleiten

Die japanische EDS Magnetschwebebahn JR-Maglev ist die bislang
schnellste. Noch verkehrt sie nur auf einer kurzen Teststrecke. Schon bald
aber soll sie die Städte Tokio und Osaka verbinden. Die 400 km lange
Strecke soll sie leise und sauber in knapp einer Stunde zurücklegen.

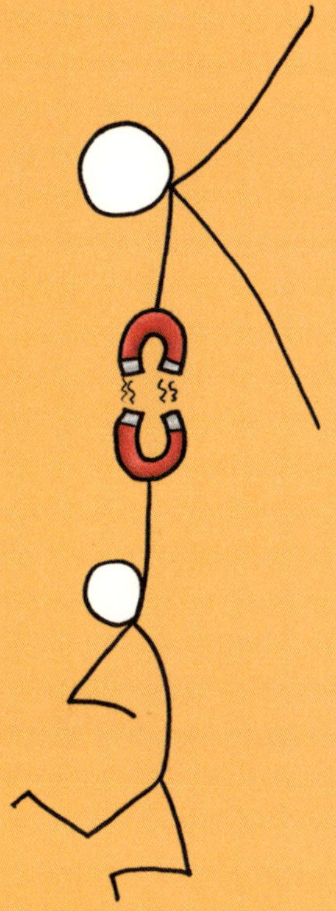

Hängende Züge

Beim deutschen Transrapid
ist nur die Schwebebahn mit
Magneten versehen – die Spur
besteht aus Stahl. Die Unterseite
der Bahn mit den Magneten
umschließt die Spur C-förmig.

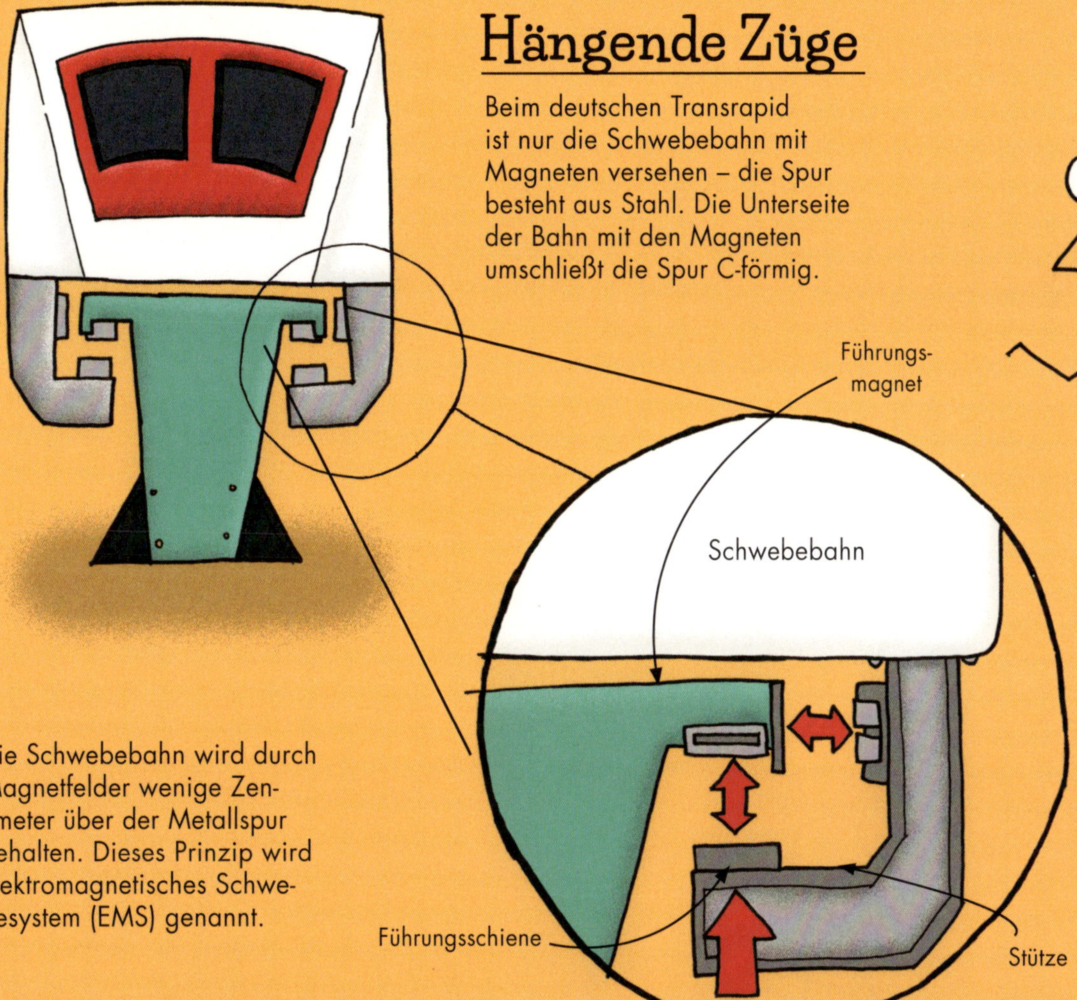

Führungs-
magnet

Schwebebahn

Die Schwebebahn wird durch
Magnetfelder wenige Zen-
timeter über der Metallspur
gehalten. Dieses Prinzip wird
Elektromagnetisches Schwebesystem (EMS) genannt.

Führungsschiene

Stütze

29

LUFTFAHRT

Flugzeuge

Heute sind Flugreisen eine Selbstverständlichkeit, wie eine Auto- oder Eisenbahnfahrt. Trotzdem halten die meisten Menschen im Moment, wenn das Flugzeug von der Erde abhebt, vor Anspannung kurz die Luft an. In diesem Kapitel erfährst du, wie Fliegen funktioniert: Warum die Tragflächen ein Flugzeug tragen, wie der Pilot es in der Luft steuert, warum einige Flugzeuge schneller fliegen als der Schall und mehr.

Ein Tag in der Luft

Fluglotsen haben die wichtige Aufgabe, den Flugverkehr zu regeln und Zusammenstöße in der Luft zu verhindern. Fast 30.000 Flüge überwachen die europäischen Fluglotsen an einem typischen Julitag über Europa. Dabei legen die Flugzeuge zusammen an einem einzigen Tag über 46 Mio. km zurück, also so viel wie 1150-mal um die Erde oder 120-mal zum Mond.

Vielflieger

Die Amerikaner sind Weltmeister im Fliegen. Jeder Amerikaner steigt durchschnittlich zwei- bis dreimal pro Jahr in ein Flugzeug. Das scheint nicht viel, macht aber 757 Mio. Flüge pro Jahr aus (wenn alle Einwohner Hamburgs täglich einmal fliegen würden, kommen pro Jahr „nur" 657 Mio. Flüge zusammen). Weltweit sind es sogar 3 Mrd. Fluggäste pro Jahr.

Geschichte der Fliegerei

Vor langer Zeit dachten die Menschen, zum Fliegen müsste man sich Flügel umschnallen und damit schlagen wie die Vögel. Kein Wunder, dass viele Flugpioniere sehr unglücklich endeten. Tatsächlich waren die ersten erfolgreichen Versuche Ballonflüge. Der Durchbruch kam mit Sir George Cayley (siehe rechts). Er fand heraus, dass die Tragflächen eine bestimmte Form haben müssen, um „Auftrieb" zu erzeugen.

1853

Sir George Cayley baut ein Gleitflugzeug für den ersten bemannten Flug. Pilot war sein Butler.

1783

In Paris steigen der französische Lehrer François Pilâtre de Rozier und der Marquis d'Arlandes in einem Heißluftballon der Brüder Montgolfier als erste Menschen in die Luft auf.

1775 n. Chr.   **1800**   **1825**   **1850**

ca. 850 n.Chr.

Der Erfinder Abbas ibn Firnas band sich in Cordoba (Spanien) künstliche Flügel um, sprang von einer Klippe, flog – und brach sich beide Beine.

1848

Das Modellflugzeug von John Stringfellow und William Henson fliegt mit einer Dampfmaschine als Antrieb 9 m weit.

1852

Henry Giffard baut das erste steuerbare, motorisierte Fluggerät: Ein mit Wasserstoff gefüllter Zeppelin, der von einer Dampfmaschine angetrieben wurde. Brandgefährlich!

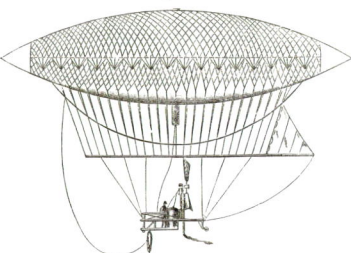

1782

Den französischen Brüdern Montgolfier gelingt mit einem Heißluftballon der erste erfolgreiche Flug. Passagiere waren ein Schaf, eine Ente und ein Huhn.

1896

Nach vielen erfolgreichen Versuchen mit einem Gleitflugzeug stürzt der deutsche Flugpionier Otto Lilienthal ab und stirbt.

1947

Der amerikanische Pilot Chuck Yeager flog mit dem Testflugzeug Bell X-1 zum ersten Mal schneller als der Schall – ein Knaller!

1926

Der amerikanische Raketenpionier Robert H. Goddard startet die erste erfolgreiche Rakete mit Flüssigtreibstoff. Sie stieg ganze 14 m hoch.

1927

Charles A. Lindbergh gelingt der erste Alleinflug über den Atlantik. Er brauchte dafür 33 ½ Stunden.

| 1875 | 1900 | 1925 | 1950 |

1909

Der französische Flieger Louis Blériot wagt als Erster den Flug über den Ärmelkanal und verschwindet auf Nimmerwiedersehen.

1930

Der britische Ingenieur Frank Whittle erfindet das Düsentriebwerk.

1903

Orville und Wilbur Wright gelingt der erste Flug in einem motorisierten, steuerbaren Flugzeug und eine sichere Landung.

Moderne Passagierjets

Sicher bist du schon einmal in einem Passagierjet geflogen. Das ist eine komplizierte Maschine. Wie die meisten Fluggeräte besteht sie aus drei Hauptteilen: Rumpf, Tragflächen und Motoren. Im röhrenförmigen Rumpf sind die Piloten, Passagiere und das Gepäck untergebracht. Daran setzen seitlich zwei große Tragflächen und hinten das Leitwerk mit zwei horizontalen Flügeln und einer aufrechten Flosse an. Die Motoren liefern den Schub für den Flug.

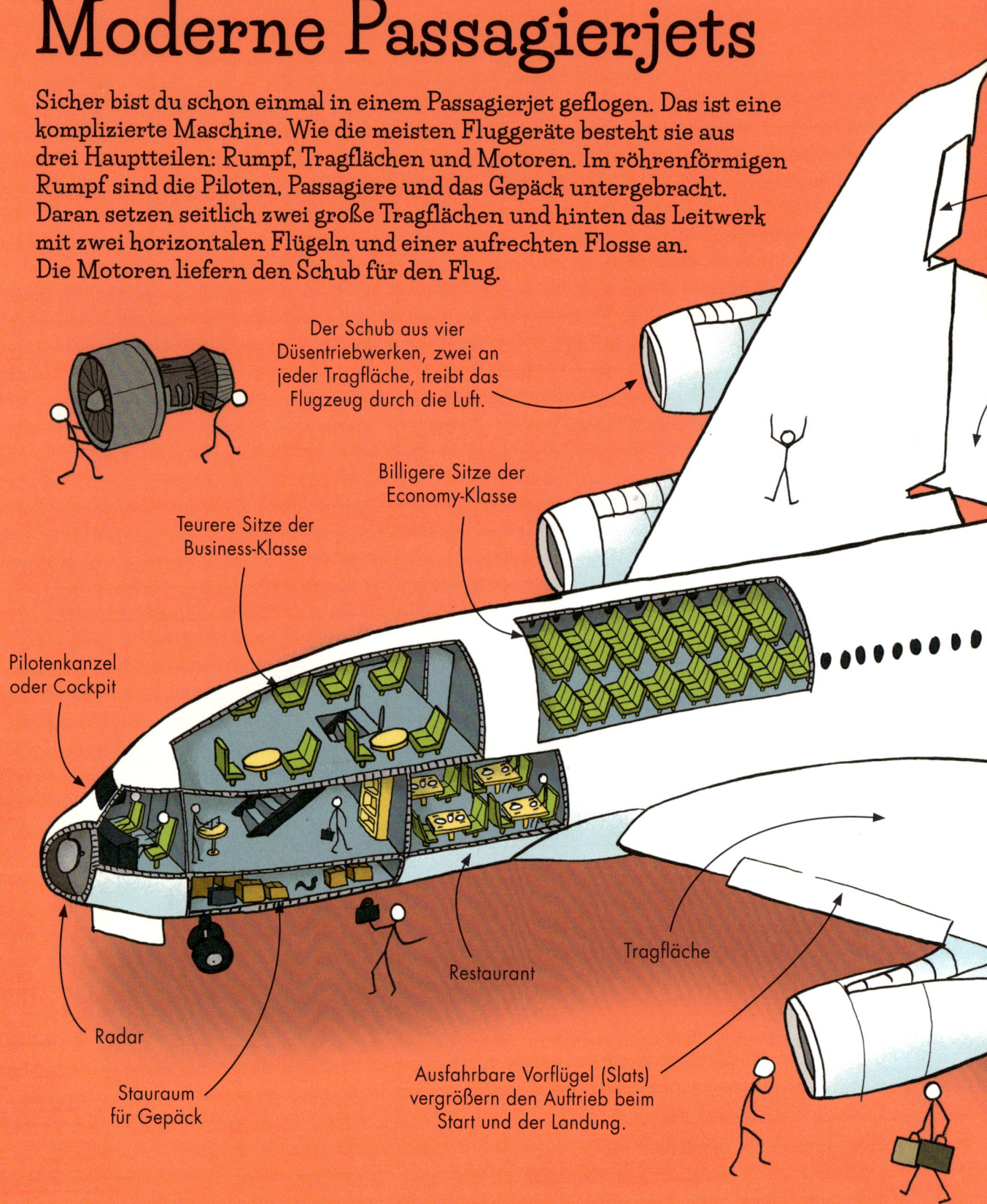

Der Schub aus vier Düsentriebwerken, zwei an jeder Tragfläche, treibt das Flugzeug durch die Luft.

Billigere Sitze der Economy-Klasse

Teurere Sitze der Business-Klasse

Pilotenkanzel oder Cockpit

Restaurant

Tragfläche

Radar

Stauraum für Gepäck

Ausfahrbare Vorflügel (Slats) vergrößern den Auftrieb beim Start und der Landung.

In einem Flugzeug

Der Airbus A380 ist das größte Passagierflug-
zeug der Welt. Es hat zwei Decks und Platz für
853 Passagiere. Es ist so groß, dass manche
Fluggesellschaften für Langstreckenflüge Bars
und Restaurants einbauen lassen.

Mit den Querrudern neigt
der Pilot das Flugzeug für
Kurven zur Seite.

Die Landeklappen verlangsamen
den Flug und erzeugen zusätzlichen Auftrieb bei der Landung.

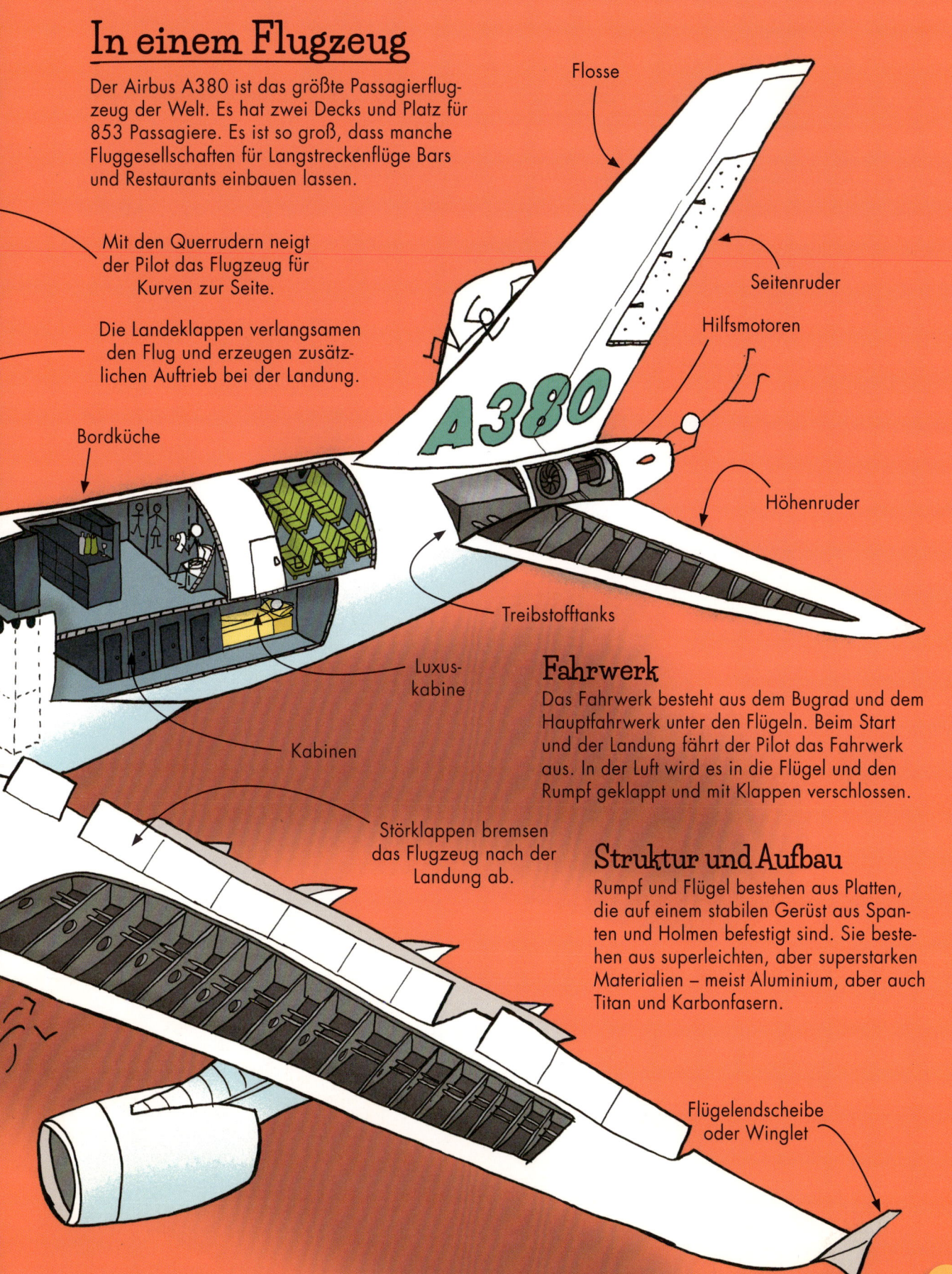

Flosse

Seitenruder

Hilfsmotoren

A380

Bordküche

Höhenruder

Treibstofftanks

Luxus-
kabine

Fahrwerk

Das Fahrwerk besteht aus dem Bugrad und dem
Hauptfahrwerk unter den Flügeln. Beim Start
und der Landung fährt der Pilot das Fahrwerk
aus. In der Luft wird es in die Flügel und den
Rumpf geklappt und mit Klappen verschlossen.

Kabinen

Störklappen bremsen
das Flugzeug nach der
Landung ab.

Struktur und Aufbau

Rumpf und Flügel bestehen aus Platten,
die auf einem stabilen Gerüst aus Spanten und Holmen befestigt sind. Sie bestehen aus superleichten, aber superstarken
Materialien – meist Aluminium, aber auch
Titan und Karbonfasern.

Flügelendscheibe
oder Winglet

Die Tragflächen

Ab einer bestimmten Geschwindigkeit erzeugen die Tragflächen einen Auftrieb und das Flugzeug hebt ab. Im Flug (Bild rechts oben) streicht die Luft über und unter dem Flügel entlang. Dabei entsteht unter dem Flügel ein höherer Druck als darüber – dieser „Auftrieb" trägt das Flugzeug. Der Pilot kann den Auftrieb durch Ein- und Ausfahren der Vorflügel und Landeklappen verändern.

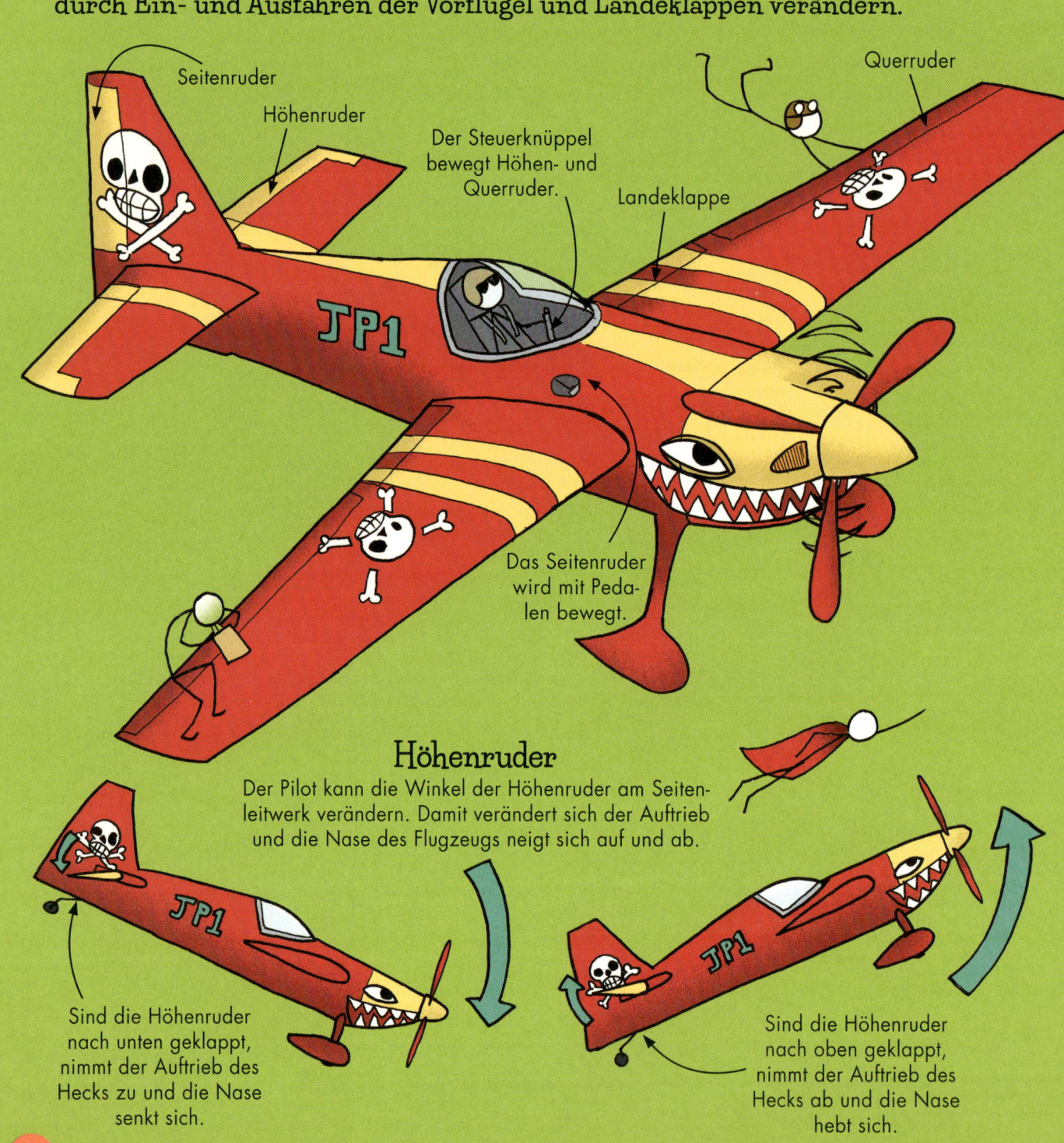

Seitenruder

Höhenruder

Der Steuerknüppel bewegt Höhen- und Querruder.

Querruder

Landeklappe

Das Seitenruder wird mit Pedalen bewegt.

JP1

Höhenruder

Der Pilot kann die Winkel der Höhenruder am Seitenleitwerk verändern. Damit verändert sich der Auftrieb und die Nase des Flugzeugs neigt sich auf und ab.

Sind die Höhenruder nach unten geklappt, nimmt der Auftrieb des Hecks zu und die Nase senkt sich.

Sind die Höhenruder nach oben geklappt, nimmt der Auftrieb des Hecks ab und die Nase hebt sich.

Die Form der Tragfläche

Erst der gewölbte Querschnitt der Tragflächen macht das Fliegen möglich. Der Flügel bildet einen Winkel zur strömenden Luft („Anstellwinkel") und zwingt den Luftstrom nach oben und unten auszuweichen. Da die Luft über dem Flügel schneller strömt, entsteht ein Unterdruck – der Auftrieb. Bis zu einem Grenzwert nimmt der Auftrieb mit höherem Anstellwinkel und Wölbung zu.

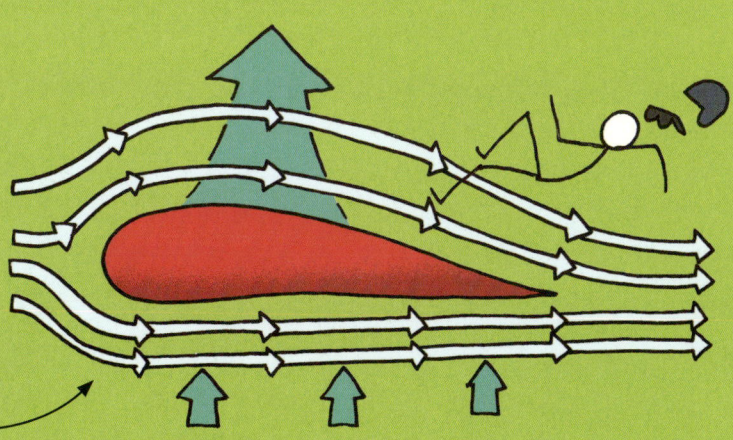

Querruder

Die Querruder neigen das Flugzeug zur Seite. In Verbindung mit dem Seitenruder fliegt das Flugzeug eine Kurve.

Linkes Querruder nach oben, rechtes nach unten: Das Flugzeug neigt sich nach links.

Linkes Querruder nach unten, rechtes nach oben: Das Flugzeug neigt sich nach rechts.

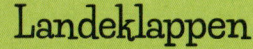

Seitenruder

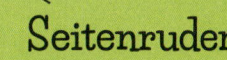

Das Seitenruder ist der bewegliche Teil der Heckflosse. Wird es nach links geklappt, fliegt das Flugzeug nach links. Nach rechts geklappt, giert das Flugzeug nach rechts.

Landeklappen

Vor der Landung fährt der Pilot die Landeklappen aus. Der Luftwiderstand wird größer und das Flugzeug langsamer. Gleichzeitig erzeugt die vergrößerte Fläche mehr Auftrieb, den ein Flugzeug bei langsamem Flug braucht.

Im Cockpit

In der Luft gibt es keine Straßen. Die Piloten müssen sich auf Instrumente verlassen. Sie zeigen an, wo sich das Flugzeug befindet und in welche Richtung es fliegt. In modernen Flugzeugen sind die Anzeigen an Kontrollsysteme gekoppelt, die das Flugzeug meistens automatisch steuern.

Immer an Bord

Diese sechs Instrumente gibt es in jedem Flugzeug. Heute überwacht der Pilot damit nur die automatische Steuerung und reagiert, falls eine Elektronik ausfällt.

1. Der Geschwindigkeitsmesser zeigt an, wie schnell ein Flugzeug fliegt. Die Geschwindigkeit wird in Knoten gemessen (1 Knoten = 1,8 km/h).

2. Der Künstliche Horizont zeigt die Neigung des Flugzeuges an, beispielsweise wenn die Tragflächen in der Kurve schräg stehen oder das Flugzeug sinkt oder steigt.

3. Der Höhenmesser zeigt die Höhe über dem Boden an. Bei seinen Durchsagen gibt der Kapitän die Flughöhe in Fuß an (1 Fuß = 30 cm).

4. Der Wendezeiger gibt die Drehgeschwindigkeit an, wenn sich das Flugzeug beim Kurvenflug zur Seite neigt.

5. Der Kursanzeiger ist eine Art Kompass, der dem Piloten sagt, in welche Richtung er gerade fliegt. Der Kursanzeiger steuert auch die Richtung eines eingestellten Kurses.

6. Das Variometer zeigt in Fuß pro Minute an, wie schnell ein Flugzeug steigt oder sinkt.

Elektronische Flugsteuerung

Früher waren Steuerknüppel und Pedale über Drähte und Gestänge direkt mit den Rudern verbunden. Heute wird hingegen elektronisch gesteuert: Kabel leiten Signale zu Motoren – sie bewegen die Steuerruder.

Bei der manuellen Steuerung gibt der Pilot seine Befehle an einen Computer weiter, der die Motoren ansteuert und die Ruder bewegt.

Im Autopilot übernimmt der Computer die gesamte Steuerung. Er reagiert auf Signale der Messinstrumente und leitet automatisch die richtigen Befehle an die Steuerruder weiter.

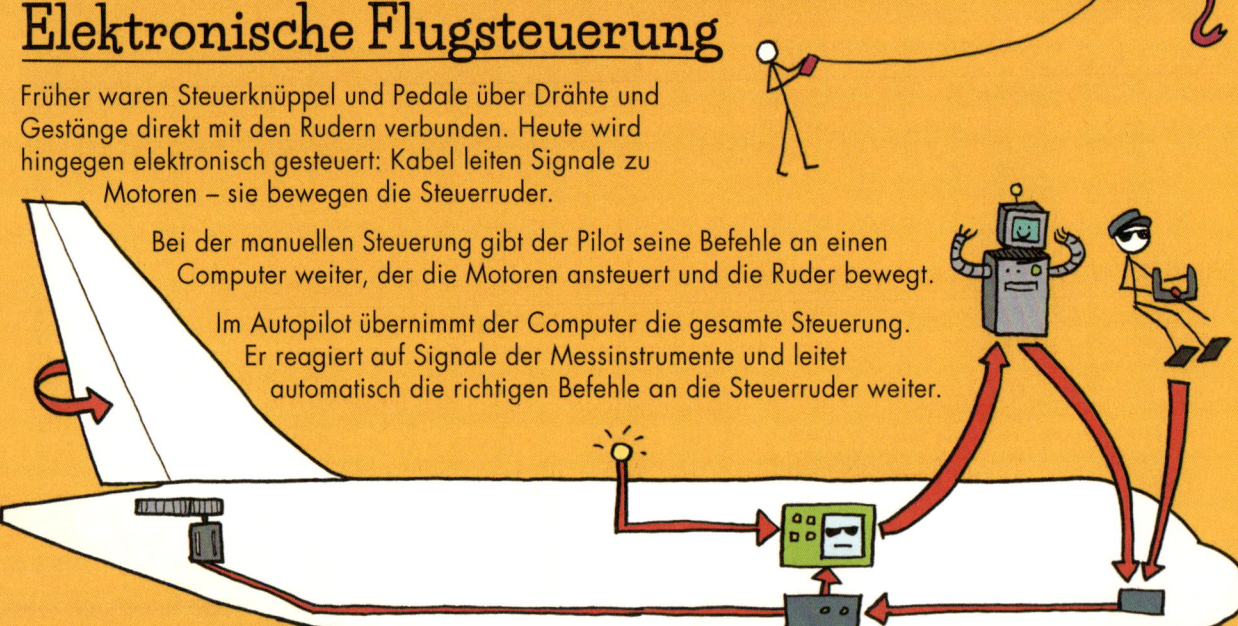

Der Platz des Flugkapitäns

Der Kapitän sitzt im linken Sitz des Cockpits, der Kopilot im rechten.
Beide Plätze verfügen über die gleichen Anzeigen und Instrumente.

Hauptflugkontrollanzeige
Auf dem Computerdisplay werden die
Daten aller Instrumente angezeigt,
auch der künstliche Horizont und die
Geschwindigkeit.

Autopilot
In der Regel steuert der Pilot das Flugzeug nur beim Start und der Landung.
Wenn das Flugzeug die richtige Höhe
hat, schaltet er um auf Autopilot.

Steuer-
knüppel
Bei der manuellen
Steuerung be-
dient der Pilot die
Landeklappen mit
diesem „Joystick".

Navigationsbildschirm
Auf dem Navigationsbildschirm werden
Signale von Satelliten, Funkfeuern und Radar
auf eine elektronische Karte übertragen,
die dem Piloten alle Informationen
anzeigt, die er benötigt.

Triebwerks-
display
Der Bildschirm zeigt
ständig an, wie die
Triebwerke arbeiten.

Pedale
Die Pedale bewegen
das Seitenruder.

System-Display
Es zeigt Informationen über
die Systeme des Flugzeugs
an, wie den Innendruck in
der Kabine.

Flight Management System (FMS)
Display und Tastatur gehören zum FMS, einem
Computer, der während des Fluges die meisten
Aufgaben automatisch erledigt. Er hält das
Flugzeug mithilfe von Signalen von Satelliten
und anderen Quellen sicher auf Kurs.

Analoge Instrumente
Sie dienen als Sicherheit,
falls die Elektronik ausfällt.

Gashebel
Jedes der vier Triebwerke wird mit einem Gashebel kontrolliert. Wenn
der Pilot die Hebel nach vorn drückt, steigt die Leistung der Triebwerke.

Das Triebwerk

Alte Flugzeuge hatten Verbrennungsmotoren wie ein Auto – mit Zylindern und beweglichen Kolben. Das stank nicht nur fürchterlich, die Passagiere wurden auch ordentlich durchgerüttelt. Später wurden Düsentriebwerke entwickelt, die sich besser für den Einsatz in der Luft eigneten. Am häufigsten werden Turboprop- und Mantelstromtriebwerke verwendet.

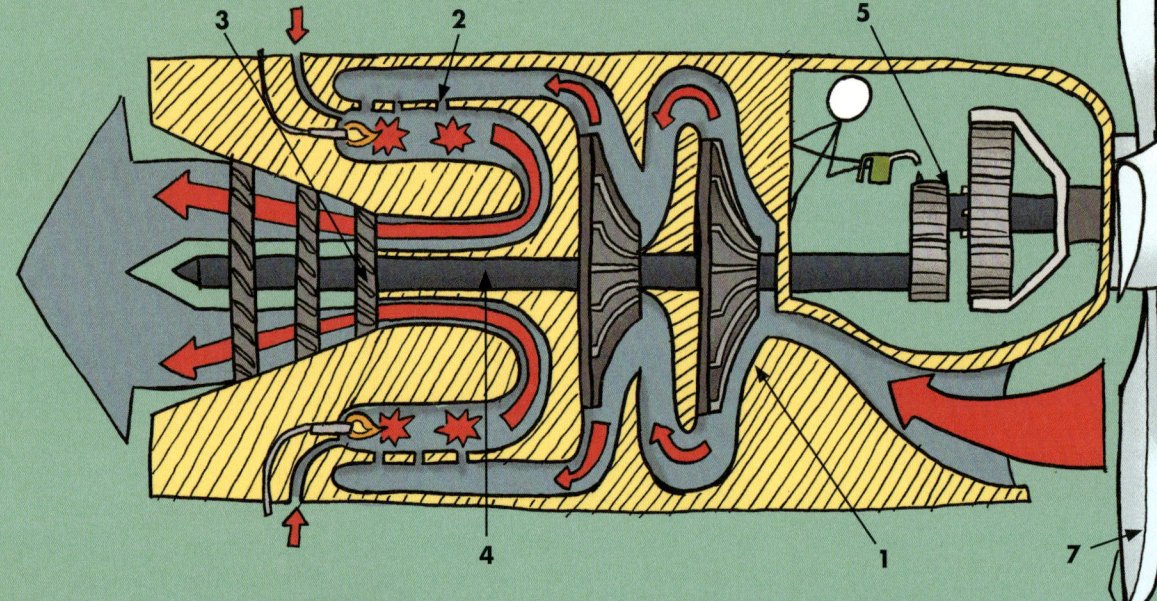

Turbopropantrieb

Viele kleinere Flugzeuge und Frachtflugzeuge haben einen Turbopropantrieb. Es sind Düsentriebwerke, die einen Propeller antreiben und schon bei geringeren Geschwindigkeiten als Mantelstromtriebwerke gut arbeiten.

1 Der Bläser vorn im Triebwerk saugt Luft an.

2 Die Luft wird mit dem Treibstoff vermischt und in der Brennkammer gezündet.

3 Der brennende Treibstoff und die Luft werden nach hinten gedrückt und treiben eine Turbine an.

4 Die rotierende Turbine treibt eine Welle und das Getriebe an.

5 Über das Getriebe wird der Propeller angetrieben.

6 Der rotierende Propeller.

7 Der Propeller treibt das Flugzeug an.

Scharfe Kante

Turboprop-Flugzeuge haben Propeller, die wie Krummsäbel gebogen sind. Dank dieser Krümmung bieten sie bei der sehr schnellen Bewegung durch die Luft weniger Widerstand – wie ein Vogelflügel.

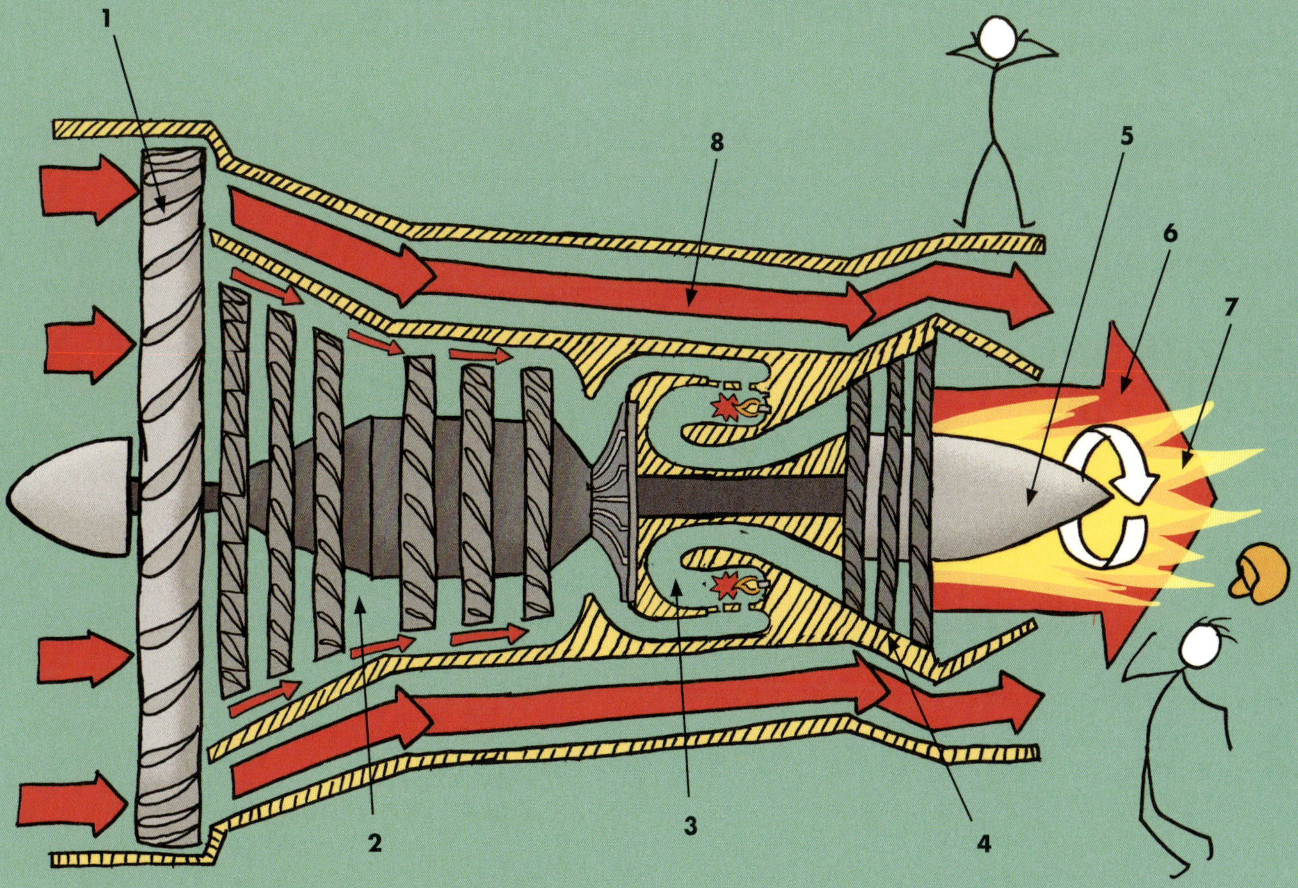

Mantelstromtriebwerk

Die meisten modernen Flugzeuge werden durch Mantelstromtriebwerke (Turbofan) angetrieben. Ein großes Schaufelrad am Einlass des Düsentriebwerks, auch Bläser oder Fan genannt, saugt zusätzliche Luft an. Diese umströmt die Brennkammer, wo Luft und Treibstoff verbrennen. Diese Triebwerke verbrauchen weniger Treibstoff und sind leiser.

1 Der große Bläser vorn saugt Luft an.

2 Der innere Luftstrom wird in den Fan des Verdichters geleitet.

3 Der Verdichter presst die Luft in die Brennkammer, wo sie zusammen mit dem Treibstoff entzündet wird.

4 Der brennende Treibstoff dehnt sich explosionsartig aus und strömt nach hinten; die Turbine dreht sich wie eine Windmühle.

5 Die Rotation der Turbine dreht den Fan des Verdichters.

6 Die heißen Gase strömen hinten aus der Schubdüse als Strahl aus.

7 Der Schub des Strahls drückt das Flugzeug nach vorn.

8 Die umgeleitete Luft (Mantel- oder Nebenstrom) strömt an der Brennkammer vorbei und tritt ebenfalls hinten aus.

Mächtiger Bläser

Strahltriebwerke erkennst Du leicht an den großen Bläsern im Einlass des Triebwerks.

Alternative Antriebe

Düsenflugzeuge sind sehr laut, verbrauchen große Mengen teuren Flugtreibstoff und verschmutzen die Umwelt. Daher experimentieren Flugzeugbauer mit alternativen Energien, wie Elektrizität, Sonnenenergie und Muskelkraft. Solar Impulse ist solch ein Projekt mit zwei Flugzeugen, die mit Sonnenenergie fliegen.

Sonnenenergie

Die großen Tragflächen von Solarflugzeugen sind vollständig mit Solarzellen bedeckt. Sie wandeln Sonnenlicht in elektrischen Strom um, der Elektromotoren antreibt. Die Solarzellen der Solar Impulse 2 laden tagsüber Lithiumbatterien auf, damit das Flugzeug auch nachts fliegen kann.

Die Solar Impulse 2

Die Solar Impulse 2 ist das bisher ehrgeizigste Projekt. Mit ihren aufladbaren Batterien kann sie große Strecken zurücklegen. 2015 startete das Flugzeug auf einen Flug rund um die Erde: Es überquerte in fünf Tagen und fünf Nächten den Pazifischen Ozean.

Die Tragflächen sind mit 17.000 Solarzellen bedeckt.

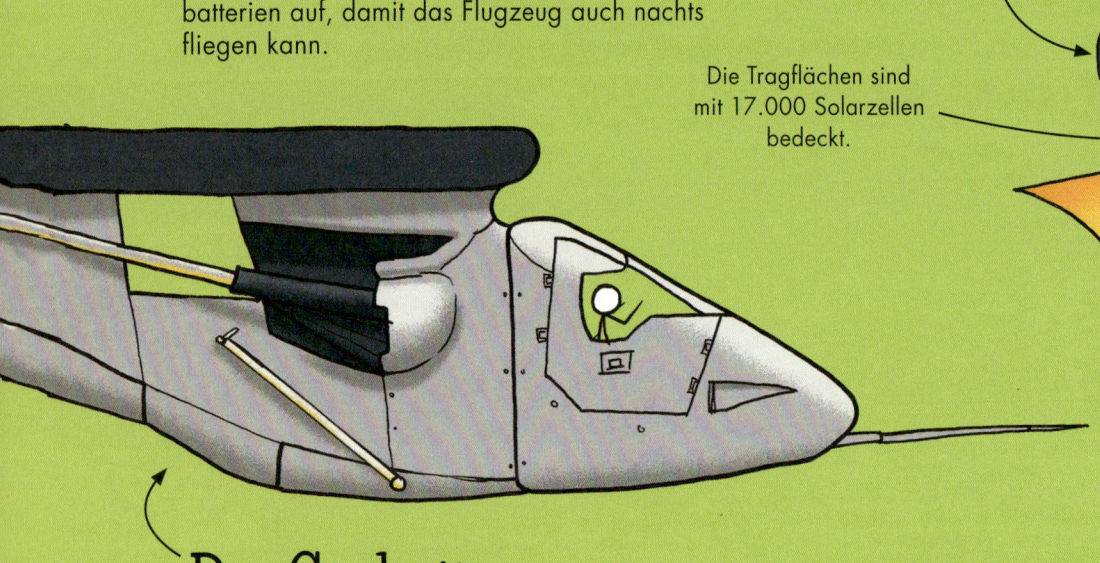

Das Cockpit

Bei einem Flug um die Welt muss der Pilot fünf bis sechs Tage ohne Pause in seinem Cockpit sitzen. Da das winzige Cockpit keine Klimaanlage hat, kann es sehr heiß und sehr kalt werden. Falls alles schief geht, hat der Pilot einen Fallschirm und ein kleines Rettungsschlauchboot.

Flugzeuge am Stecker

Elektroflugzeuge fliegen so leise wie Segelflugzeuge, schaffen bisher aber nur kurze Flüge. Der Airbus E-Fan flog 2015 als erstes Elektroflugzeug über den Ärmelkanal.

In die Pedale!

Moderne, leichte Baustoffe machen es möglich, Flugzeuge zu bauen, die mit Muskelkraft (MKF) angetrieben werden. 1988 flog das experimentelle MKF Daedalus 88 115 km weit über das Mittelmeer – von Kreta auf die griechische Insel Santorin.

Daedalus ist eine Gestalt aus der griechischen Mythologie. Er war ein Erfinder, der angeblich mit einem Flugapparat aus Federn fliegen konnte.

Die Solar Impulse 2 fliegt bis 136 km/h schnell.

Da das Gerüst aus leichten Karbonfasern gebaut ist, wiegt die Solar Impulse weniger als ein Auto.

Die Flügelspannweite beträgt 72 m.

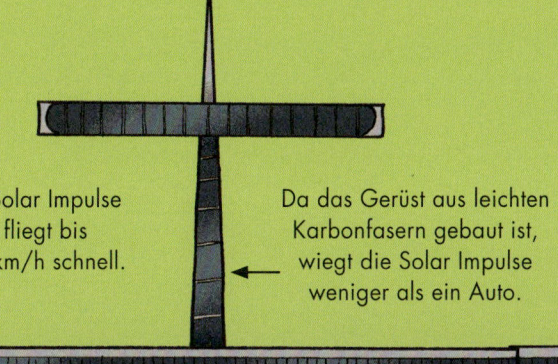

Vier Elektromotoren treiben die Propeller an.

Jeder Motor ist etwa so stark wie ein kleines Motorrad.

Riesenflügel

Die Solar Impulse 2 braucht nicht nur eine sehr große Fläche für die Solarzellen, um Sonnenenergie einzufangen. Auch der Auftrieb muss hoch sein, weil das Flugzeug sehr langsam fliegt. Daher beträgt die Flügelspannweite 72 m, größer als bei einem Jumbojet.

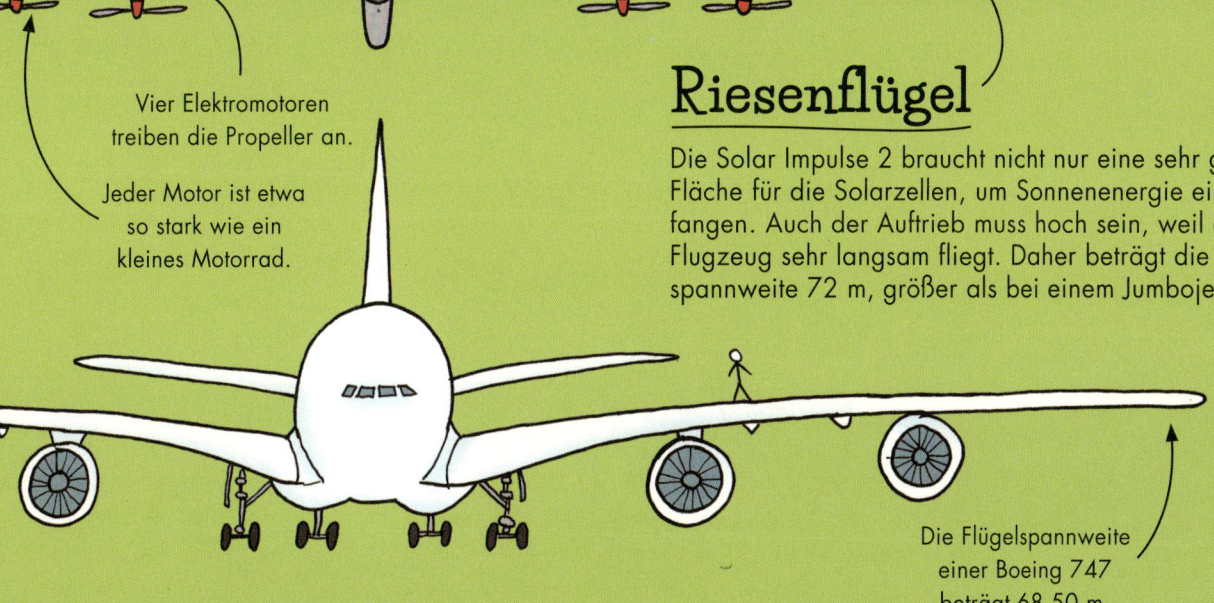

Die Flügelspannweite einer Boeing 747 beträgt 68,50 m.

Der Senkrechtstarter

Die meisten Flugzeuge brauchen lange Landebahnen, um ihre Startgeschwindigkeit zu erreichen. Senkrechtstarter haben zwar auch starre Flügel, allerdings spezielle Düsen. Damit können sie senkrecht nach oben starten und sanft wieder landen.

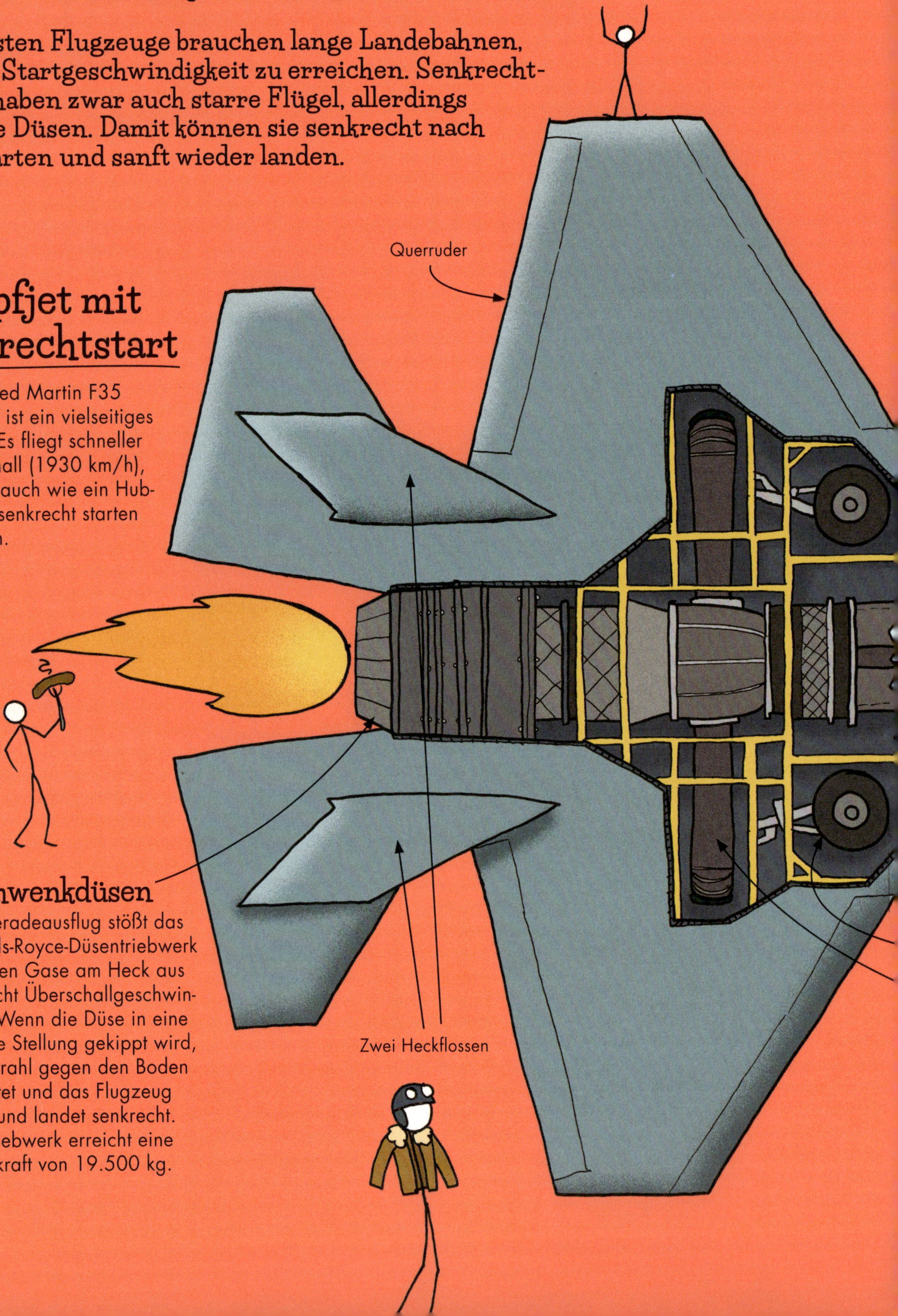

Querruder

Kampfjet mit Senkrechtstart

Die Lockheed Martin F35 Lightning II ist ein vielseitiges Flugzeug. Es fliegt schneller als der Schall (1930 km/h), kann aber auch wie ein Hubschrauber senkrecht starten und landen.

Schwenkdüsen

Beim Geradeausflug stößt das starke Rolls-Royce-Düsentriebwerk die heißen Gase am Heck aus und erreicht Überschallgeschwindigkeit. Wenn die Düse in eine senkrechte Stellung gekippt wird, ist der Strahl gegen den Boden gerichtet und das Flugzeug startet und landet senkrecht. Das Triebwerk erreicht eine Schubkraft von 19.500 kg.

Zwei Heckflossen

Auf und ab

Beim Senkrechtstart öffnet die F35 Bläserklappen im Rumpf und kippt das Triebwerk nach unten. Die kalte Luft aus einem Mantelpropeller und der heiße Strahl des Triebwerks sind auf den Boden gerichtet und drücken das Flugzeug nach oben. Ausgleichsdüsen halten das Flugzeug in der Balance.

Die Landung läuft umgekehrt ab wie der Start: Der Pilot reduziert den Schub nach und nach, bis das Flugzeug sanft landet

Beim Schweben ist der Abwärtsschub des Mantelpropellers gerade stark genug, um das Gewicht des Flugzeugs zu tragen.

Obere Bläserklappen

Lufteinlass

Radar

Cockpit

Bombenschacht

Das Fahrwerk, hier eingeklappt, wird beim Senkrecht- und normalem Start ausgefahren.

Ausgleichsdüsen

Damit das Flugzeug beim Starten und Schweben nicht um die Längsachse „rollt", zündet der Pilot kleine Düsentriebwerke in den Flügeln. Der Schub wird vom Strahl des Haupttriebwerks umgeleitet. Jede der Düsen erzeugt 450 kg Schub.

Mantelpropeller

Der extrem starke Mantelpropeller für den Senkrechtstart sitzt direkt hinter dem Cockpit. Er wird über eine Welle vom Triebwerk angetrieben und dreht sich horizontal. Seine beiden Rotoren, die sich in unterschiedliche Richtungen drehen, blasen kalte Luft nach unten.

Aufwärtsschub

Im normalen Flug ist der Mantelpropeller für den Senkrechtstart unter Klappen verborgen. Beim Start werden diese Klappen geöffnet. Der Propeller saugt oben Luft ein und stößt sie unten wieder aus. Dabei erzeugt er einen Schub von 18.100 kg, der das Flugzeug anhebt.

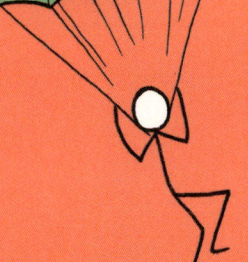

Der Hubschrauber

Bei normalen Flugzeugen erzeugen die Tragflächen nur bei schneller Vorwärtsbewegung genügend Auftrieb. Beim Hubschrauber kommt der Auftrieb von den horizontal rotierenden Rotorblättern. Daher können Hubschrauber senkrecht starten, landen und in der Luft stehen bleiben.

Der Heckrotor

Würden Hubschrauber nur vom Hauptrotor angetrieben, würden sie sich um die eigene Achse drehen. Das verhindert der kleine Heckrotor: Er erzeugt einen Schub gegen die Drehrichtung des Hauptrotors, sodass der Hubschrauber in stabiler Lage bleibt.

Heckausleger

Heckrotor

Vorwärts, rückwärts und seitwärts

Der Rotor bewegt einen Hubschrauber senkrecht nach oben. Der Pilot kann aber jedes einzelne Rotorblatt während der Umdrehung an einer bestimmten Stelle stärker oder schwächer neigen. Bei dieser „zyklischen Blattverstellung" wird das jeweils vordere, hintere, rechte oder linke Rotorblatt geneigt und bewegt den Hubschrauber in die entsprechende Richtung.

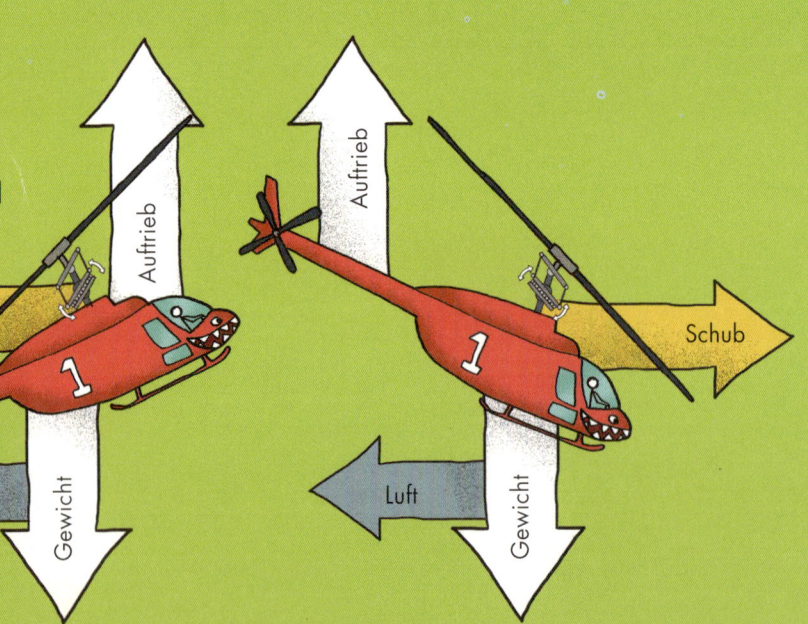

Auftrieb

Schub

Luft

Gewicht

Auftrieb

Schub

Luft

Gewicht

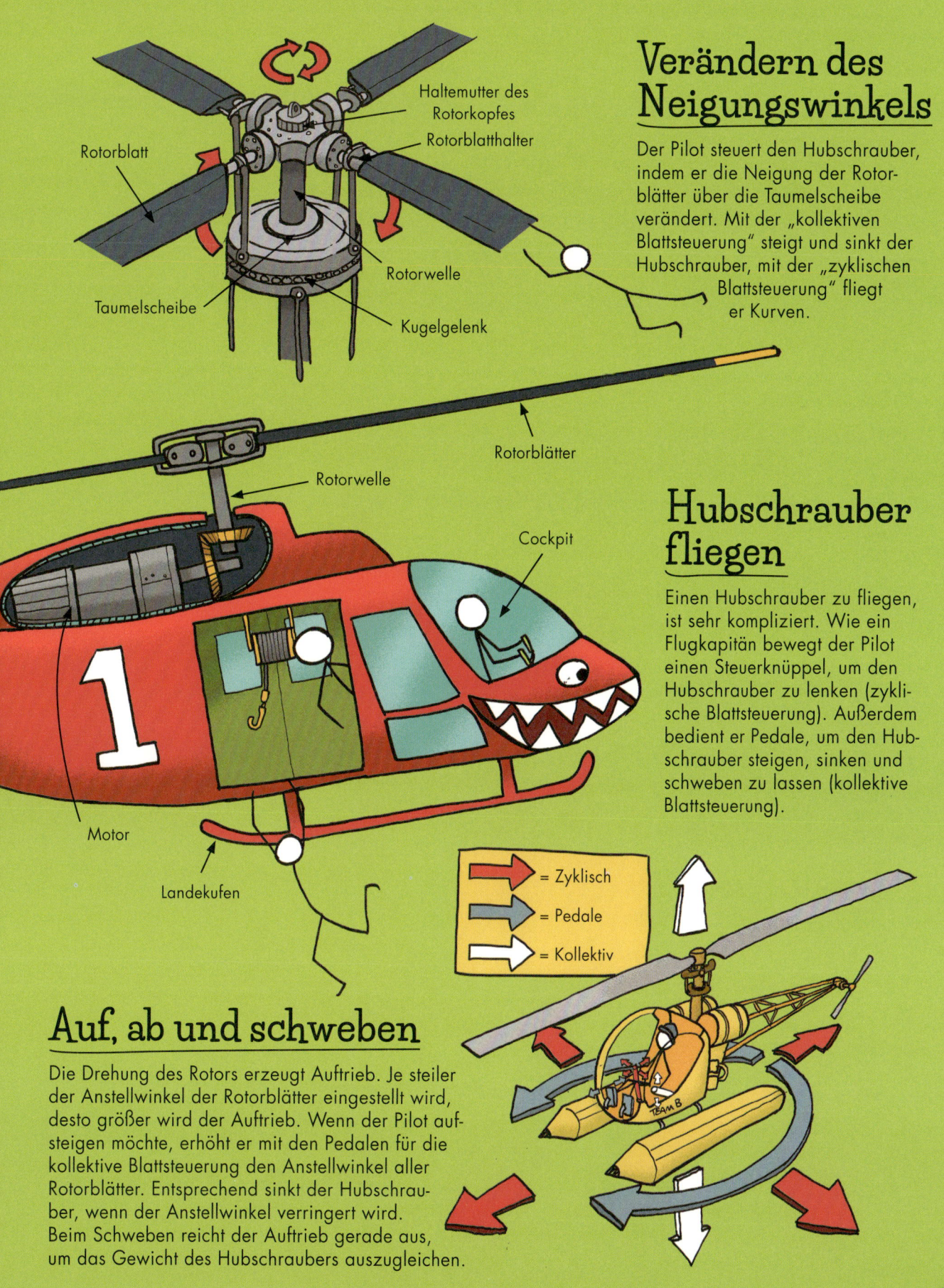

Verändern des Neigungswinkels

Der Pilot steuert den Hubschrauber, indem er die Neigung der Rotorblätter über die Taumelscheibe verändert. Mit der „kollektiven Blattsteuerung" steigt und sinkt der Hubschrauber, mit der „zyklischen Blattsteuerung" fliegt er Kurven.

Haltemutter des Rotorkopfes

Rotorblatthalter

Rotorblatt

Rotorwelle

Taumelscheibe

Kugelgelenk

Rotorblätter

Rotorwelle

Cockpit

Hubschrauber fliegen

Einen Hubschrauber zu fliegen, ist sehr kompliziert. Wie ein Flugkapitän bewegt der Pilot einen Steuerknüppel, um den Hubschrauber zu lenken (zyklische Blattsteuerung). Außerdem bedient er Pedale, um den Hubschrauber steigen, sinken und schweben zu lassen (kollektive Blattsteuerung).

Motor

Landekufen

= Zyklisch

= Pedale

= Kollektiv

Auf, ab und schweben

Die Drehung des Rotors erzeugt Auftrieb. Je steiler der Anstellwinkel der Rotorblätter eingestellt wird, desto größer wird der Auftrieb. Wenn der Pilot aufsteigen möchte, erhöht er mit den Pedalen für die kollektive Blattsteuerung den Anstellwinkel aller Rotorblätter. Entsprechend sinkt der Hubschrauber, wenn der Anstellwinkel verringert wird. Beim Schweben reicht der Auftrieb gerade aus, um das Gewicht des Hubschraubers auszugleichen.

Ballone und Zeppeline

Zum Fliegen braucht man nicht unbedingt Flügel. Ballone und Zeppeline fliegen, weil sie mit Gas gefüllt sind, das leichter ist als die Luft. Ballone steigen in die Höhe, weil sie mit heißer Luft oder dem leichten Helium gefüllt sind. Zeppeline bestehen aus einer länglichen, teilweise starren Hülle, die mit Helium gefüllt wird. Ein Heißluftballon lässt sich nicht steuern; er fährt, wohin der Wind ihn treibt. Nur wenn die Windrichtung stimmt, kann man ein bestimmtes Ziel ansteuern.

Wenn der Brenner die Luft erhitzt, sinkt ihre Dichte, sie steigt auf und füllt die Ballonhülle. Da der Ballon nun leichter ist als die umgebende Luft, steigt er auf.

Heiße Luft

Die Brenner sind die „Maschinen" des Heißluftballons. Sie verbrennen Propangas, das die Luft erwärmt. Die heiße Luft füllt die Ballonhülle – er steigt auf. In der Luft muss der Ballonführer die Brenner regelmäßig einschalten, damit Luft im Ballon nicht abkühlt. Zur Landung lässt er die Luft abkühlen oder lässt sie oben aus dem Ballon entweichen.

Ballonführer und Passagiere sitzen in einem leichten Korb, der unter dem Heiß-luftballon hängt.

48

Zeppeline

Zeppeline und Ballone unterscheiden sich nicht nur in der Form. Zeppeline können mit einge-
bauten Motoren unabhängig vom Wind aktiv in jede Richtung steuern. Im letzten Jahrhundert
transportierten riesige Zeppeline Passagiere in Luxuskabinen über den Atlantik.

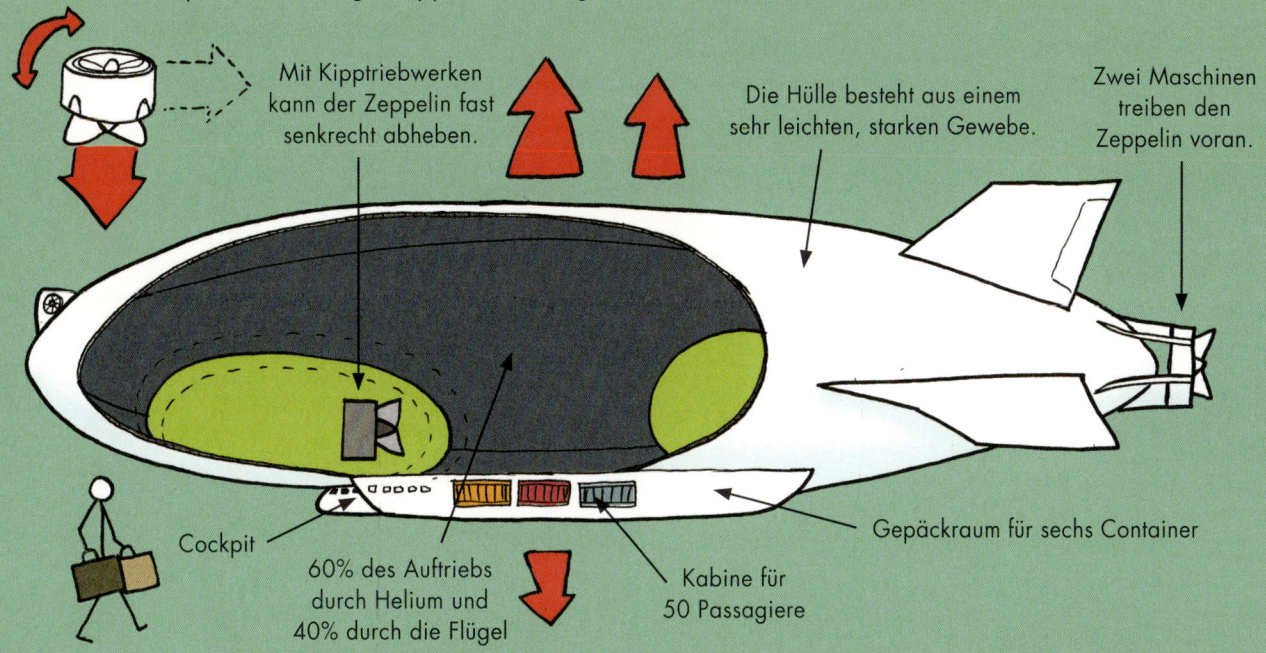

Mit Kipptriebwerken kann der Zeppelin fast senkrecht abheben.

Die Hülle besteht aus einem sehr leichten, starken Gewebe.

Zwei Maschinen treiben den Zeppelin voran.

Cockpit

60% des Auftriebs durch Helium und 40% durch die Flügel

Kabine für 50 Passagiere

Gepäckraum für sechs Container

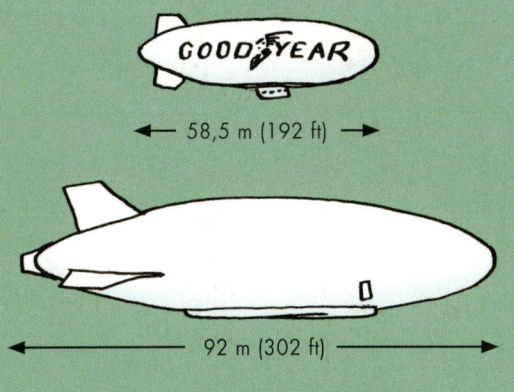

← 58,5 m (192 ft) →

← 92 m (302 ft) →

Airlander 10

Der in Großbritannien gebaute
Airlander 10 (gesprochen Ärländer)
ist ein experimenteller Zeppelin. Er
soll mit 92 m Länge, 43,50 m Breite
und 26 m Höhe der größte Zeppelin
der Welt werden. Dennoch dürfte
er neben den zukünftig geplanten
Modellen winzig aussehen. Die
Riesenzeppeline der Zukunft sollen in
der Forschung und Katastrophenhilfe
eingesetzt werden.

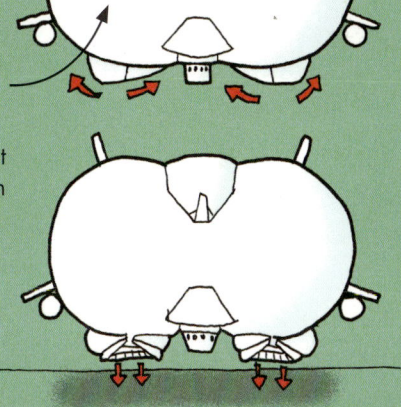

Der Auftrieb des
Airlanders wird nicht
vollständig von dem
leichten Heliumgas
erzeugt. Der gefüllte
Zeppelinkörper ist
wie ein Flügel geformt
und soll bei laufenden
Motoren auch durch
seine Form Auftrieb
erzeugen.

Landekissen

Der Airlander hat kein Fahrwerk. Bei
der Landung bläst sich ein Luftkissen
auf, das zusammen mit dem Luftstrom
aus Triebwerken eine weiche Landung
ermöglicht. Er wird also überall landen
können, sogar auf dem Wasser.

Raketen

Um Lasten und Menschen in den Weltraum zu befördern, sind enorme Kräfte nötig. Das kann nur ein Raketenantrieb leisten. Im Unterschied zu Strahltriebwerken und Kolbenmotoren haben Raketen nur wenige bewegliche Teile. Ihr Antrieb hängt vollständig von der Ausdehnung des verbrennenden Raketentreibstoffs ab.

Die Startphasen

Der Treibstoff macht den größten Gewichtsanteil einer Rakete aus und der größte Teil davon wird für das Abheben vom Boden benötigt. Statt mit riesigen Tanks durch den Weltraum zu fliegen, bestehen Raketen aus Teilen oder Stufen. Nach dem Start werden die nicht mehr benötigten Stufen abgestoßen.

3 In weniger als 4 Minuten nach dem Start, in etwa 160 km Höhe, ist der Treibstoff der Hauptstufe verbrannt. Sie wird abgeworfen und das kleinere Triebwerk der zweiten Stufe gezündet.

Nutzlast

Alles, was eine Rakete in den Weltraum befördert, wird Nutzlast genannt. Das kann ein Satellit sein, der die Erde umkreist, oder eine Raumsonde auf dem Weg zu fernen Planeten. Auch ein Modul mit Astronauten, die zu einer Raumstation oder weiter fliegen, ist eine Nutzlast.

Treibstoff (Wasserstoff)

Sauerstoff

Pumpen und Ventile

Brennkammer

2 Zwei Minuten nach dem Start, in etwa 48 km Höhe, werden die Booster abgeworfen. Die eigentliche Rakete beschleunigt nun mit einer Mischung aus flüssigem Sauerstoff und Wasserstoff auf über 16.000 km/h.

1 Die Booster (Hilfsraketen) an den Seiten der Rakete liefern beim Start zusätzlichen Schub. Ihr Treibstoff verbrennt wie Schießpulver – kurz, aber extrem heftig.

Bei der Reaktion von Wasserstoff mit Sauerstoff dehnen sich die Gase explosionsartig aus – der Rückstoß des Strahls treibt die Rakete voran.

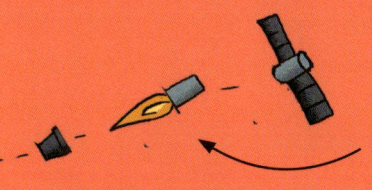

An der Spitze der Trägerrakete sitzt die Orion-Raumfähre, in der Astronauten zum Mond oder sogar zum Mars fliegen sollen. Sie besteht aus vier Teilen.

4 Die Nutzlastverkleidung wird abgesprengt und nach sechs Minuten ist auch das Triebwerk der zweiten Stufe ausgebrannt und wird abgestoßen. Nun fliegt das Nutzlastmodul allein.

Falls es ein Unglück beim Start gibt, können die Astronauten in eine Rettungsrakete flüchten.

Reiseziel Mars

Eine Rakete, die mehrere Astronauten bis zum Mars tragen soll, muss enorm leistungsstark sein. Die NASA arbeitet dafür an einem Space-Launch-System. Es wird die größte, bisher gebaute Rakete sein. Die Hauptrakete besteht aus fünf Stufen.

Das Mannschaftsmodul ist eine kleine, kegelförmige Kapsel, in der die Astronauten während des Fluges sitzen. Es ist so winzig, dass sich die vier Astronauten darin kaum bewegen können.

Unterhalb des Mannschaftsmoduls sind die technischen Systeme der Raumfähre untergebracht: Sonnenkollektoren für die Energieerzeugung und der Sauerstoffgenerator für die Astronauten.

Ein Adapter verbindet das Modul mit der Rakete.

Die Größten

Die bisher größten Raketen waren die Saturn V Raketen der Apollo-Mission, mit der die Astronauten zwischen 1968 und 1972 zum Mond flogen. Sie waren 110 m hoch und konnten eine Nutzlast von 117.900 kg in den Weltraum tragen – so viel wie 20 Busse.

SCHIFFFAHRT

Wasserfahrzeuge

Es gibt Schiffe und andere Wasserfahrzeuge in allen möglichen Größen und Formen, von winzigen Kajaks, die auf einem Fluss paddeln, bis zu gewaltigen Supertankern, die größer sind als ein Bürogebäude. Einige sind Freizeitboote, auf denen man Wind und Wellen genießen kann. Andere sind echte Arbeitstiere, die lebenswichtige Produkte über die ganze Erde transportieren - Computer aus China oder Öl aus den arabischen Ländern.

Die Welt der Schiffe

Auf den Meeren der Welt schwimmen über 100.000 registrierte Boote und Schiffe. Die Hälfte davon sind große Schiffe, die andere Hälfte besteht aus Fischkuttern, Segeljachten und anderen kleineren Booten. Dabei sind die unzähligen kleinen, nicht registrierten Freizeitboote, wie Ruderboote und Kleinboote, gar nicht mitgezählt.

Fracht aus China

China ist weltweit führend in der Frachtschifffahrt. Sieben der zehn größten Häfen liegen in China. Den größten Hafen hat Shanghai, nur Singapur kommt annähernd an dessen Frachtaufkommen heran. An Shanghais Kais werden jährlich rund 750 Mio. t. Fracht verladen – dazu 35 Mio. Container. In Yangshan, dem Tiefwasserhafen von Shanghai, herrscht niemals Ruhe. Pro Sekunde – am Tag und in der Nacht – wird ein Container auf ein Schiff verladen.

Passagiere an Bord

Für den Personentransport von einem Ort zum anderen spielt die Schifffahrt im Zeitalter des Flugzeugs kaum mehr eine Rolle. Aber immer mehr Menschen verbringen ihren Urlaub an Bord eines luxuriösen Kreuzfahrtschiffes. Etwa 180 dieser schwimmenden Urlaubsziele mit insgesamt 600.000 Passagieren laufen jährlich Hamburg an.

Geschichte der Schifffahrt

Wann sich wohl der erste Mensch in einem Boot aufs Wasser traute? Immerhin müssen die Ureinwohner Australiens vor 45.000 Jahren den Kontinent über das Meer erreicht haben, wahrscheinlich auf Flößen oder Einbäumen. Der älteste Einbaum, den Archäologen bislang finden konnten, wurde in einem Moor in Holland entdeckt. Er ist etwa 10.000 Jahre alt.

1522

Ferdinand Magellans Schiff Victoria segelt als erstes um die ganze Welt. Magellan selbst nicht, er starb nach der Hälfte der Reise.

15 Jahrhundert

Die Portugiesen konstruieren die ersten Karavellen. Diese Schiffe hatten dreieckige Segel und konnten sogar fast gegen den Wind segeln. Damit waren lange Reisen in alle Richtungen möglich.

3000 V.CHR.

Auf Bildern der alten Ägypter sind Ruderboote zu sehen, auf denen der Pharao oder der Sonnengott Ra über den Nil fahren.

1000 n. Chr.	1150	1300	1450

ca. 1000 n. Chr.

Die Wikinger entdecken Nordamerika, das sie Vinland nennen.

1580er-Jahre

Englische Seeleute konstruieren die Galeone, ein kleines Kriegsschiff mit niedrigem Bug. Mit diesen Schiffen besiegten die Engländer die riesige spanische Armada.

1793

Robert Fulton konstruiert die Nautilus, das erste funktionstüchtige U-Boot. Es tauchte 17 Minuten lang und 7,50 m tief.

ROBERT FULTON 1765-1965 U.S. POSTAGE 5¢

1492

Christoph Kolumbus erreicht mit seiner Karavelle Amerika – fünf Jahrhunderte nach den Wikingern.

1791

Der amerikanische Erfinder, Unternehmer und Ingenieur John Fitch gründet die erste Dampfschifffahrtsgesellschaft der USA.

1838

Mit einem Vorsprung von einem Tag vor der SS Great Western schaffte die SS Sirius die erste Atlantiküberquerung nur mit Dampfkraft. Als der Brennstoff ausging, verfeuerte die Mannschaft alle Möbel und den Mast.

1787

Der englische Eisenhüttenbesitzer John Wilkinson baut das erste Schiff ganz aus Eisen. Alle waren sicher, es würde untergehen – alle irrten sich.

1819

Die SS* Savannah überquert als erstes Dampfschiff den Atlantik, nahm aber teilweise die Segel zu Hilfe. Augenzeugen dachten, das Schiff würde brennen.

| 1600 | 1750 | 1900 | 2000 |

1845

Die SS Great Britain überquert als erstes, ganz aus Eisen gebautes Schiff den Atlantik. Die Zeit der Segelschiffe war vorbei.

1960

Das Tiefseetauchboot Trieste taucht im Challengertief im Marianengraben, einem der tiefsten Punkte des Ozeans, auf 10.916 m Meerestiefe ab.

1894

Das erste von Turbinen angetriebene Schiff läuft vom Stapel – die Turbinia, damals das schnellste Schiff der Welt.

1959

Die SR.N1, das erste nutzbare Luftkissenboot, läuft vom Stapel. Der Erfinder Christopher Cockerell hob ab.

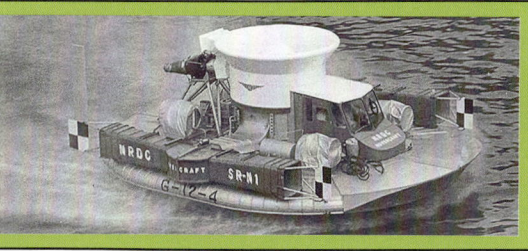

*SS steht für die englische Bezeichnung eines Dampfschiffes: Steam Ship (gesprochen Stiehm Schipp).

Passagierschiffe

Die größten Passagierschiffe der Welt sind bis zu 360 Meter lang. Das entspricht drei Fußballfeldern nebeneinander. Die Ozeanriesen sind schwimmende Städte mit Theatern, Schwimmbädern, Straßen, Restaurants und mehr. Es sind fast immer Kreuzfahrtschiffe für Urlauber, die von Hafen zu Hafen kreuzen. Die Queen Mary 2 ist aber ein echter Ozeandampfer. Sie transportiert Passagiere über den Atlantik.

Das Theater

Im Theater mit Logen, Balkonen und einer großen, runden Bühne haben 832 Zuschauer Platz. Die Schauspieler führen bekannte Musicals und Opern auf, während das Schiff den Ozean überquert.

Passagierkabinen

Die Queen Mary 2 hat 1310 Kabinen für 2620 Passagiere. Im Unterschied zu alten Ozeandampfern liegen die Kabinen auf den Oberdecks, sodass über 800 Kabinen einen eigenen, privaten Balkon über dem Meer haben.

Tennis- und Basketballplätze

Die Brücke, das Kontrollzentrum des Schiffes

13 der insgesamt 17 Decks sind Passagierdecks.

Sporthalle

Luxussuiten

Vorderdeck

Bug

Wasserlinie

Drei Bugstrahlruder

Mannschaftskabinen

Planetarium

Nachtclub

Kühlkammern

Casino

Aufzüge

22 Personen   Rettungsboot

Rettungsboot

Bei einem Unglück kann die Queen Mary 2 mithilfe von Kränen in weniger als 30 Sekunden ihre Rettungsboote zu Wasser lassen. Sie verfügt über 22 Boote für je 150 Menschen und zahlreiche selbstaufblasende Rettungsinseln für bis zu 37 Menschen.

Backbord = vom Schiff aus links, nach vorne über den Bug betrachtet

Steuerbord = vom Schiff aus rechts

Ein Ozeanriese

Die Queen Mary 2 ist ein gewaltiges Schiff:
Sie wiegt über 75.000 t. und ist 345 m lang.
Du brauchst 10 Minuten, um vom Bug zum Heck
zu gehen. Mit einer Höhe von 72 m passt sie nicht
unter die Golden Gate Brücke in San Francisco.

Die Maschinen

Die Queen Mary 2 wird von vier riesigen Dieselmotoren (im Maschinenraum des Unterdecks) und
zwei Gasturbinen (unter dem Schornstein) angetrieben. Die Maschinen sind aber nicht direkt an
die Propeller gekoppelt, sondern erzeugen Strom
für Elektromotoren außerhalb des Schiffsrumpfes,
die wiederum die Propeller antreiben. Außerdem
erzeugen die Maschinen den elektrischen Strom,
der im Schiff gebraucht wird.

- In der Nähe des Hafens laufen nur die
  Gasturbinen, die weniger Abgase erzeugen
  als die Dieselmotoren.

- Auf dem offenen Meer laufen die Dieselmotoren.

- Da zwei Triebwerke der Queen Mary 2
  schwenkbar sind, braucht das Schiff kein
  Steuerruder.

Die Bücherei

In der mit Holz getäfelten Bücherei
vorne im Schiff stehen den
Passagieren 6000 Bücher zur
Verfügung. Das ist die zweitgrößte
schwimmende Bücherei der Welt.

Hallenschwimmbecken

Generatoren der
Gasturbine

Schornstein

Restaurants

Oberdeck

Achterdeck

Elektroantriebe

Heck

Casino

Blumenlager

Elektroantriebe

Propeller

Triebwerke

Hydraulische
Steuerung

Große Lobby

Schiffsrumpf

Diesel-/Elektromotoren

Sportlich

Auf den Sportdecks gibt es unter anderem
einen Fitnessclub, ein Basketballfeld, einen Tennis-
platz und einen Golfsimulator.

Der Bug

Wie viele Ozeandampfer hat auch die
Queen Mary 2 einen „Wulstbug":
Der Rumpf ragt vorne unter Wasser über
das Schiff hinaus. Dieser Wulst bricht die
Bugwelle und senkt den Wasserwiderstand.

Auf der Brücke

Moderne Schiffe werden von der Kommandobrücke aus gesteuert. Sie ähnelt dem Cockpit eines Flugzeuges und auch die Steuerung ist ähnlich. Der Rudergänger steuert das Schiff auf Anweisung des Kapitäns. Dabei unterstützen ihn zahlreiche elektronische Systeme. Auf dem offenen Meer steuert das Schiff automatisch.

Radar

Die Offiziere des Schiffes müssen unbedingt wissen, was sich in der Umgebung des Schiffes tut: Wo verlaufen Küstenlinien und Riffe, wo befinden sich andere Schiffe oder ziehen Stürme heran? Hier kommt das Radar ins Spiel. Es sendet Wellen aus, die von Hindernissen zurückgeworfen werden. Das Gerät verarbeitet das Muster der Echos zu einer Karte der Umgebung.

Weitblick

Um ein Schiff sicher zu steuern, brauchen Steuermann und Kapitän eine gute Sicht. Daher ist die Brücke hoch oben mit guter Sicht nach allen Seiten eingebaut. Von außen erkennst du die Brücke meist an dem breiten Panoramafenster.

Kartentisch

Der Kontrollraum

Der Kontrollraum ist das Herz des Schiffes. Mithilfe von Computern und Steuergeräten lassen sich von hier aus alle wichtigen Funktionen überwachen.

Autopilot

Der Autopilot ist eine programmierbare Steueranlage. Ein Computerprogramm berechnet aus den Daten von Motorleistung, Ruderstellung, Navigationssatelliten, Tiefenmesser und Radar automatisch den Kurs und die Geschwindigkeit des Schiffes. Die Schiffsoffiziere können aber jederzeit eingreifen und selbst steuern.

Die Steuereinheit

Über die Konsole in der Mitte des Kontroll-
raums wird die Fahrt des Schiffes überwacht.
Dazu gehören Steuerung und Motorleistung, sowie die Kontrollen für Vorwärts- und
Rückwärtsfahrt und die Strahlruder.

Elektronische Hilfen

Das Elektronische Kartendarstellungs- und
Informationssystem (ECDIS) versorgt den
Autopiloten mit wichtigen Daten. Wenn ECDIS
feststellt, dass der Navigator einen möglicher-
weise gefährlichen Kurs eingegeben
hat, fordert es einen neuen,
sicheren Kurs an. Es warnt
rechtzeitig vor Gefahren
und sendet Daten an
andere Schiffe, um
Kollisionen zu
vermeiden.

Das GPS

Ein Schiff auf See muss seine Position kennen
und daraus den richtigen Kurs ermitteln. Früher
orientierten sich die Seeleute mit dem Kompass
und anhand der Stellung der Sterne. Heute gibt
ihnen das satellitengestützte GPS-System rund
um die Uhr zentimetergenau an, wo sich das
Schiff befindet.

Der Kapitänsstuhl

Auf hoher See sind meist nur zwei Menschen
auf der Brücke: der diensthabende Offizier
und ein Ausguck. Bei der Einfahrt in den
Hafen oder bei gefährlichen Situationen
übernehmen der Kapitän und der Rudergänger das Schiff. Der Kapitän sitzt im rechten,
der Rudergänger im linken Stuhl.

Maschinen und Antrieb

Ein Ruderboot wird durch die Bewegung der Ruder, ein Segelboot durch den Wind in den Segeln angetrieben. Viele kleine Boote haben einen Motorantrieb und alle großen Schiffe besitzen starke Maschinen. Die Motorleistung wird auf einen Propeller (Schiffsschraube) oder einen Wasserstrahlantrieb übertragen.

Hybridantrieb

Bei großen Schiffen sind die Dieselmotoren oder Turbinen im Maschinenraum im Schiffsrumpf untergebracht. Die meisten Schiffsmotoren treiben die Propeller über Kurbelwellen direkt an. Manche Schiffe verfügen aber auch über einen Hybridantrieb: Die Dieselmotoren erzeugen über Stromgeneratoren elektrischen Strom. Er versorgt Elektromotoren außerhalb des Schiffsrumpfes, die dann die Propeller antreiben.

Die Dieselmotoren brauchen Dieseltreibstoff.

Jeder Dieselmotor treibt einen Stromgenerator an, der elektrischen Strom erzeugt.

Verdreht

Weil die schräg stehenden Flügel eines Propellers leicht gedreht sind, saugen sie seitlich Wasser an und drücken es nach hinten weg – damit bewegt sich das Schiff vorwärts.

Da Wasser sehr viel dichter ist als Luft, drehen sich Schiffspropeller sehr, sehr viel langsamer als der Propeller eines Flugzeugs.

Wasserstrahlantrieb

Jetskis und manche kleinen Boote haben keinen äußerlich sichtbaren Propeller, sondern werden durch einen kräftigen Wasserstrahl angetrieben. Auf den Propeller können sie dennoch nicht verzichten: Er ist in einer Röhre versteckt und wird „Impeller" genannt. Der Impeller saugt Wasser durch eine Öffnung ein und drückt es als „Düsenstrahl" hinten wieder aus.

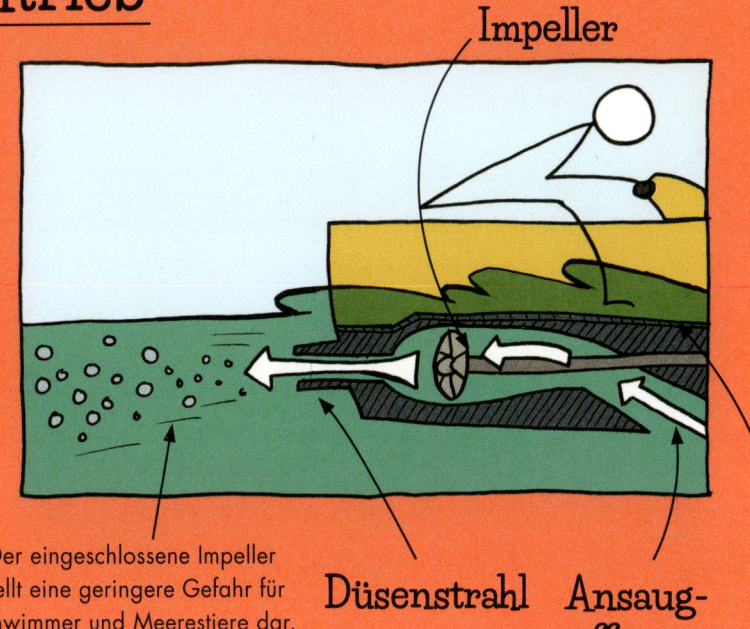

Impeller

Der eingeschlossene Impeller stellt eine geringere Gefahr für Schwimmer und Meerestiere dar.

Düsenstrahl   **Ansaug-öffnung**

Wasserstrahlantriebe sind leiser als die üblichen Propeller.

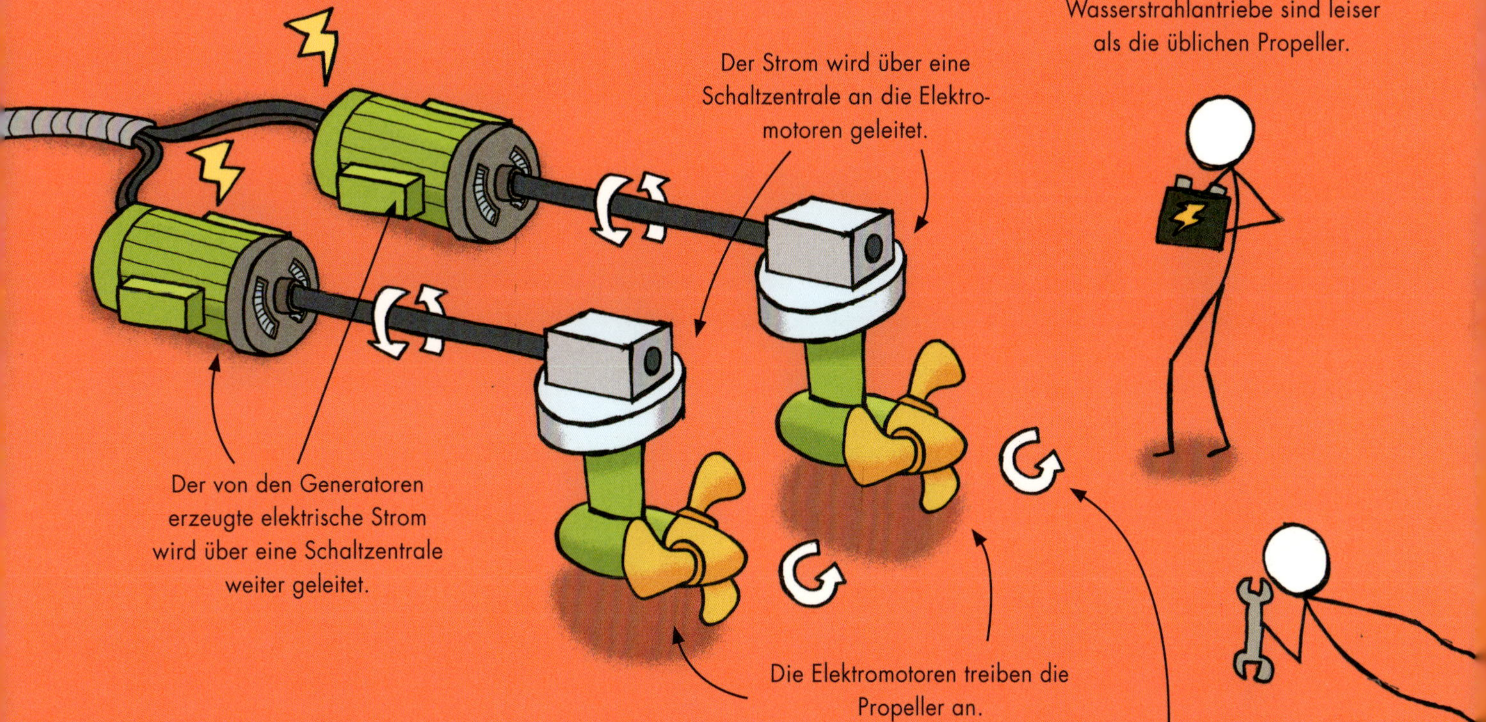

Der Strom wird über eine Schaltzentrale an die Elektromotoren geleitet.

Der von den Generatoren erzeugte elektrische Strom wird über eine Schaltzentrale weiter geleitet.

Die Elektromotoren treiben die Propeller an.

Die Propellerdrehung bewegt das Wasser; der Schub treibt das Boot voran.

Lenkung ohne Steuerruder

Mit den sogenannten Propellergondeln lässt sich ein Schiff völlig ohne Steuerruder steuern. Die Propeller sind an „Gondeln" angebracht, die sich in alle Richtungen drehen lassen. Damit sind sehr feine Steuermanöver möglich – ganz ohne Steuerruder.

61

Rumpfformen

Boote schwimmen nicht auf dem Wasser, sondern sinken mit ihrem Unterteil, dem Bootsrumpf, etwas ins Wasser ein. Der Bootsrumpf drückt dabei das Wasser zur Seite. Das so verdrängte Wasser erzeugt einen Gegendruck. Da der Rumpf innen hohl ist, ist der untergetauchte Rumpf insgesamt leichter, als das von ihm verdrängte Wasser. Deshalb geht das Boot nicht unter.

Rumpfformen

Bootsrümpfe können unterschiedlich geformt sein. Manche sind abgerundet, andere haben flache Bereiche. Seeleute nennen die Krümmung der Bootsseiten „Kimmung" oder Spantenform. Ein abgerundeter Rumpf wird „Rundspanter", ein Rumpf mit scharfer Kante „Knickspanter" genannt.

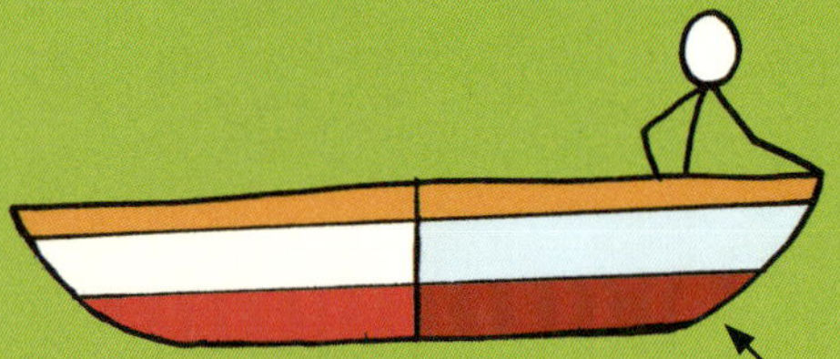

Flacher Boden, runde Kimmung

Diese Boote können schwere Lasten in flachem Wasser transportieren.

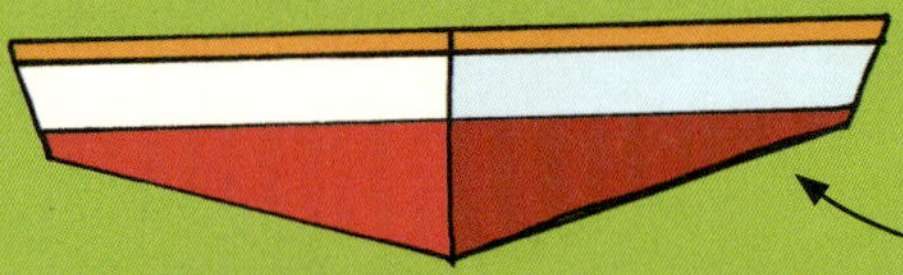

Knickspanter, flaches V

Boote mit diesem Querschnitt und starkem Motor heben sich bei schneller Fahrt aus dem Wasser. Es sind „Gleiter", die kaum ins Wasser eintauchen, also wenig Wasser verdrängen. Damit sinkt der Wasserwiderstand – das Boot gleitet schneller und ruhiger.

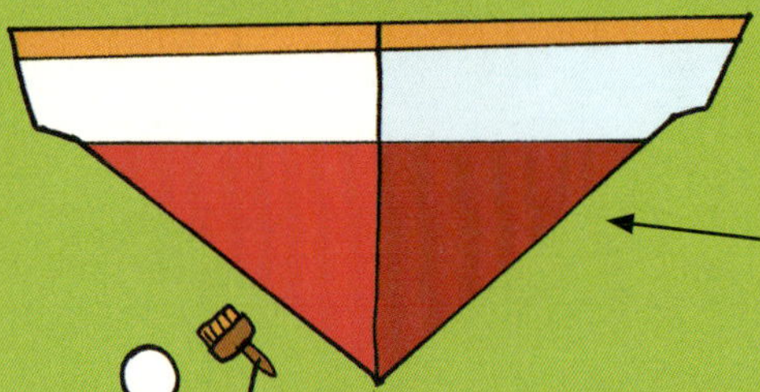

Knickspanter, steiles V

Boote, die Höchstgeschwindigkeiten erreichen sollen, werden meist mit solchem Querschnitt gebaut. Sie können sehr schnell in die Kurve gehen.

Rundspanter

Die meisten großen Schiffe werden mit diesem Querschnitt gebaut. Boote mit einem solchen Rumpf liegen auch bei stürmischer See recht stabil im Wasser, sind dafür aber langsamer als andere.

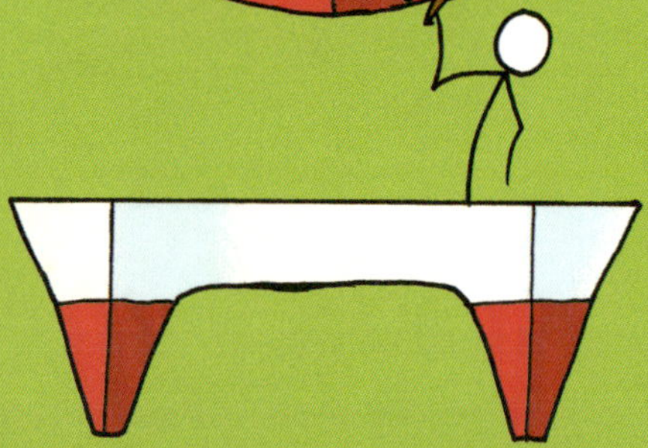

Zwei sind besser als einer

Knickspanter mit sehr steilem, V-förmigem Boden sind zwar schnell, liegen aber nicht sehr stabil im Wasser. In einem Katamaran werden zwei solche Rümpfe über eine Brücke verbunden – diese Doppelrumpfboote sind schnell und stabil.

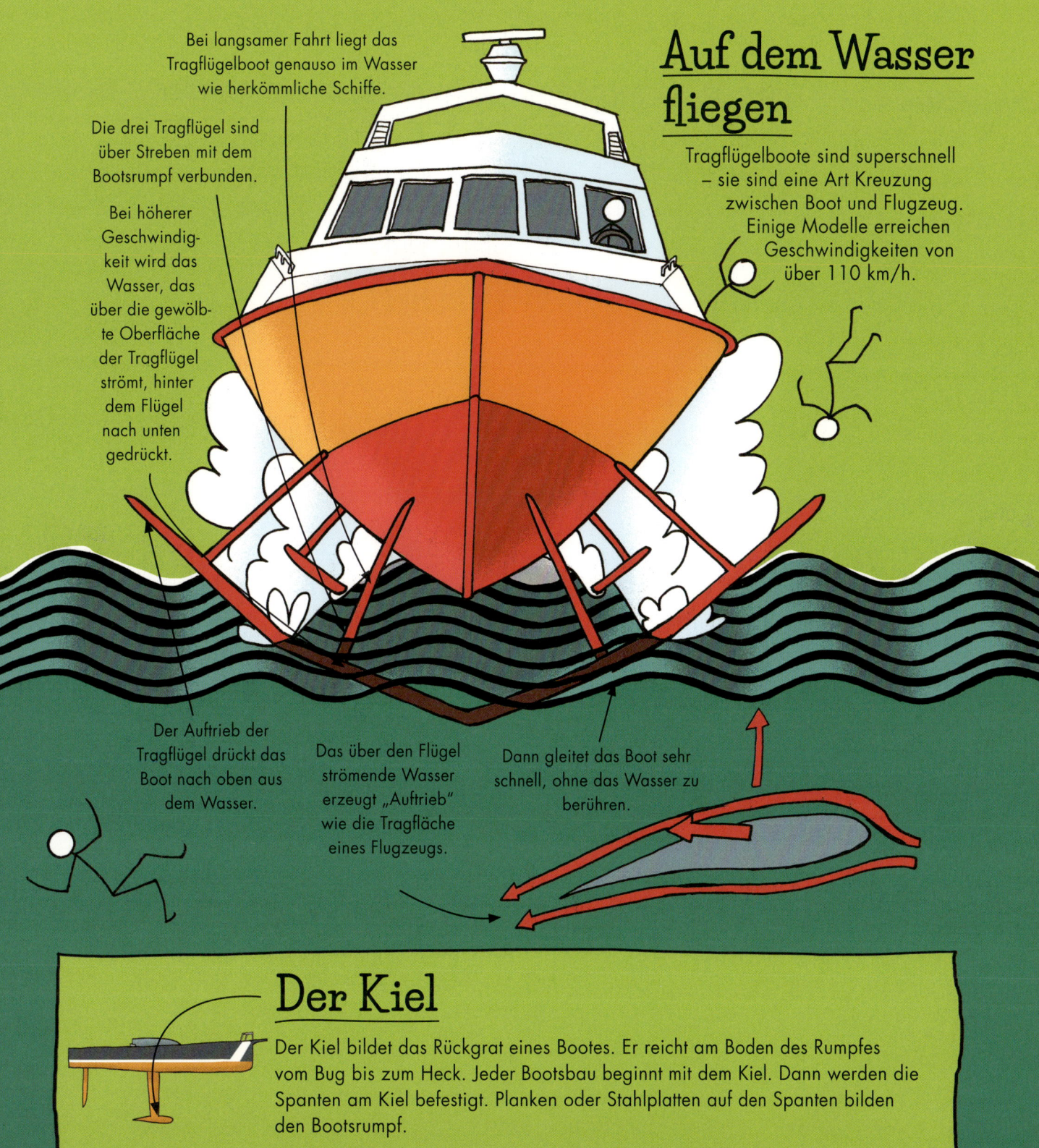

Bei langsamer Fahrt liegt das Tragflügelboot genauso im Wasser wie herkömmliche Schiffe.

Die drei Tragflügel sind über Streben mit dem Bootsrumpf verbunden.

Bei höherer Geschwindigkeit wird das Wasser, das über die gewölbte Oberfläche der Tragflügel strömt, hinter dem Flügel nach unten gedrückt.

Auf dem Wasser fliegen

Tragflügelboote sind superschnell – sie sind eine Art Kreuzung zwischen Boot und Flugzeug. Einige Modelle erreichen Geschwindigkeiten von über 110 km/h.

Der Auftrieb der Tragflügel drückt das Boot nach oben aus dem Wasser.

Das über den Flügel strömende Wasser erzeugt „Auftrieb" wie die Tragfläche eines Flugzeugs.

Dann gleitet das Boot sehr schnell, ohne das Wasser zu berühren.

Der Kiel

Der Kiel bildet das Rückgrat eines Bootes. Er reicht am Boden des Rumpfes vom Bug bis zum Heck. Jeder Bootsbau beginnt mit dem Kiel. Dann werden die Spanten am Kiel befestigt. Planken oder Stahlplatten auf den Spanten bilden den Bootsrumpf.

Bei einigen Bootstypen, vor allem Segelbooten, ist der Kiel nach unten verlängert, damit das Boot nicht umkippt (siehe links oben).

In modernen Schiffen reichen die Spanten als massive Wände quer über den ganzen Bootsrumpf und werden „Schotten" genannt. Sie teilen den Rumpf in Abschnitte, verleihen ihm größere Stabilität und verhindern, dass durch ein Leck eindringendes Wasser den gesamten Schiffsrumpf füllt.

Containerriesen

Die MSC Oscar ist das größte Containerschiff der Welt. Das gigantische Schiff wiegt 200.000 Tonnen. Vier Fußballfelder hätten an Deck bequem Platz. Die MSC Oscar kann 19.224 Container transportieren. Würde man sie mit Waschmaschinen füllen, bekäme jedes Haus in Los Angeles eine neue Waschmaschine.

Große Containerschiffe sind höher als ein 25-stöckiges Hochhaus.

Da alle Steuervorgänge automatisiert sind, kommen die Schiffe mit einer kleinen Mannschaft aus.

Was sind Container?

Container sind Transportkästen in einer Standardgröße. Es gibt 6 m und 12 m lange Container, die aber gleich breit sind. Standardcontainer können überall auf der Welt von den gleichen Kränen be- und entladen und wie riesige Legosteine übereinander gestapelt werden.

Die Dieselmotoren für diese Schiffs-Giganten sind die größten jemals gebauten Motoren.

Das Kürzel TEU steht für die Anzahl an 12 m langen Standardcontainern (Twenty Foot Equivalent Units), die ein Schiff transportieren kann.

1. Generation vor 1960-1970 500-800 TEUs	2. Generation 1971-1980 1000-2500 TEUs	3. Generation 1980-1988 3000-4000 TEUs	4. Generation 1988-2000 4000-5000 TEUs	5. Generation 2000-2005 5000-8000 TEUs	6. Generation 2006-2015 11.000-14.500 TEUs

Vom Schiff auf den Laster

Die Größe von Lastwagen und Eisenbahnwaggons ist an die Standardcontainer angepasst.
Ein Kran kann den Container vom Schiff direkt auf einen Laster laden, ohne den Container zu öffnen.
Damit nichts verloren geht, ist eine computergerechte Beschriftung erforderlich!

Die Container werden bis weit oberhalb des Rumpfes aufgestapelt und während der Seereise an vertikalen Führungsschienen befestigt.

Steckbolzen und spezielle Verriegelungen verbinden die Container während der Fahrt und verhindern, dass sie verrutschen oder über Bord fallen.

Viele Containerschiffe können die Container mit eigenen Kränen ein- und ausladen.

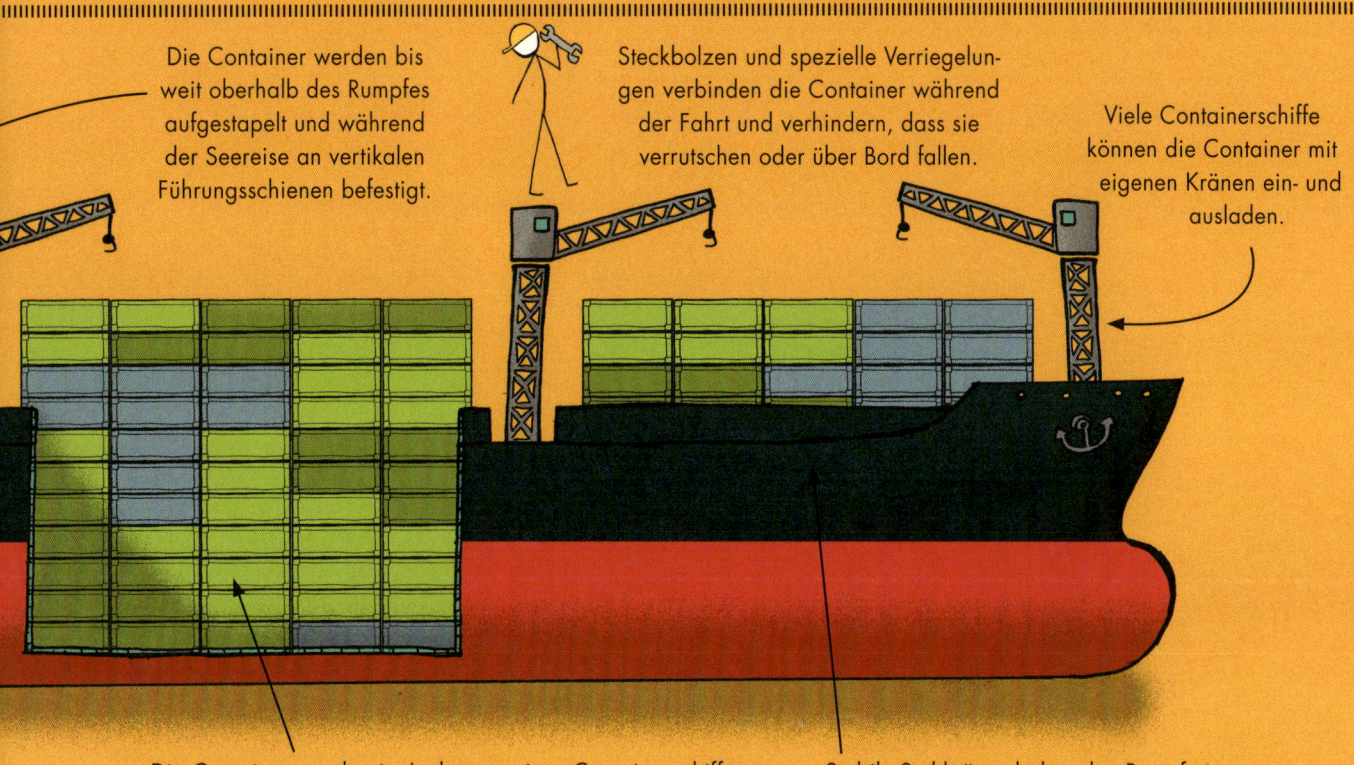

Die Container werden im Laderaum eines Containerschiffs in Zellengerüste mit Führungsschienen geladen, wie im Stapellager eines Kaufhauses.

Stabile Stahlträger halten den Rumpf eines Containerschiffes trotz des hohen Ladegewichtes zusammen.

Container-Generationen

Als 1956 die ersten Schiffe für den Containertransport umgerüstet wurden, konnten sie weniger als 1000 Container transportieren. Seit damals sind die Frachter ständig größer geworden. Bis 1985 durften die Schiffe nicht breiter sein als der Panama-Kanal. Dann erkannten die Reeder, dass es wirtschaftlicher war, wenn größere Schiffe die längere Route um Südamerika fahren. Inzwischen werden Schiffe der 7. Generation gebaut, die Platz für bis zu 20.000 Container bieten.

Massengüter

Massengüter sind lose oder flüssige Materialien wie Eisenerz oder Erdöl. Sie werden nicht in Container, sondern direkt in den Laderaum oder Tank des Schiffes geladen. Die in den 1970er-Jahren gebauten Supertanker waren die größten, jemals gebauten Schiffe. Einige waren über 450 m lang und wogen 350.000 t. Sie transportierten bis zu 272 Mio. Liter Rohöl – genug, um ganz Großbritannien für einen Tag zu versorgen.

Flugzeugträger

Auf dem Flugdeck eines Flugzeugträgers geht es laut und gefährlich, aber auch aufregend zu. Bei einem Einsatz machen die startenden Düsenjets einen Höllenlärm. Alle 25 Sekunden wird ein Flugzeug am Katapult befestigt, über das Deck und aufs Meer geschleudert – und, wenn alles glatt geht, in die Luft...

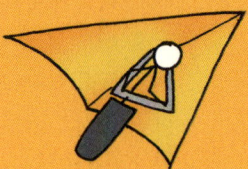

Das Flugdeck

Das Flugdeck nimmt fast die gesamte Oberfläche eines Flugzeugträgers ein. Auf dieser riesigen Bahn starten und landen die Flugzeuge. Es ist bei einem großen Flugzeugträger der US Marine über 300 m lang (das entspricht der Höhe des Empire State Buildings) und fast so breit wie die Länge eines Fußballfeldes (90 m).

Radar

Ein Flugzeugträger kommt mit dem üblichen Radar eines normalen Schiffes nicht aus. Die Mannschaft muss nicht nur Dutzende von eigenen Flugzeugen in der Luft verfolgen und leiten, sondern auch feindliche Angriffe rechtzeitig bemerken. Daher sind auf der „Insel", dem Kontrollturm des Schiffes, zahlreiche Radar- und Kommunikationsantennen untergebracht.

Fahrstuhl

Brücke

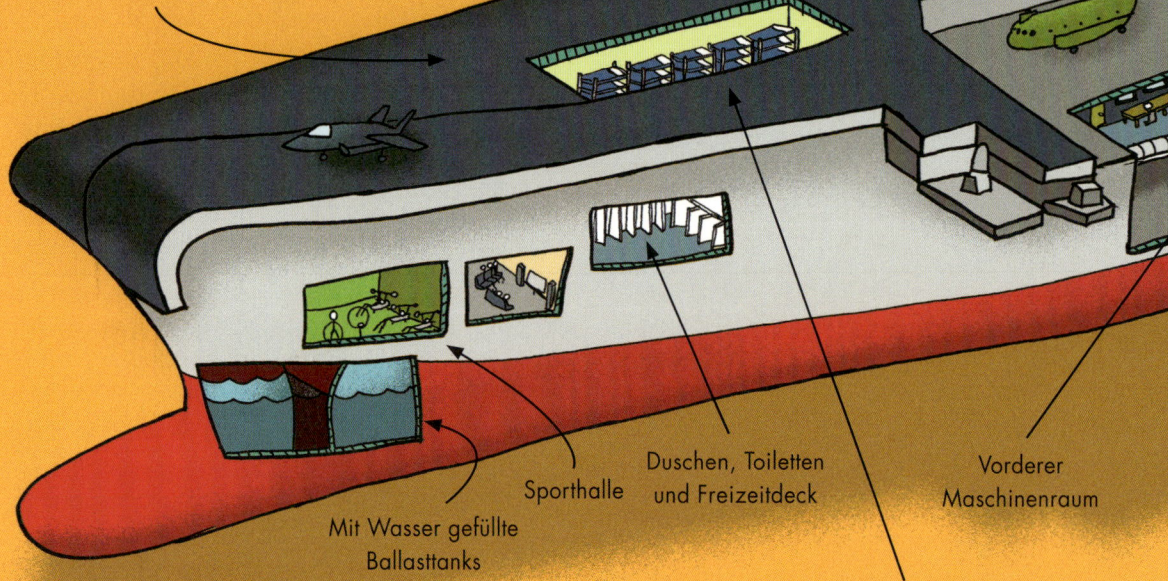

Duschen, Toiletten und Freizeitdeck

Sporthalle

Mit Wasser gefüllte Ballasttanks

Vorderer Maschinenraum

Schleuder

Das Flugdeck ist trotz seiner Länge zu kurz für einen normalen Start. Daher wird ein Haken an der Flugzeugnase in ein Katapult eingehängt, das die Maschine mit Dampfdruck in 2 Sekunden auf bis zu 265 km/h beschleunigt. Dann wird der Haken gelöst und das Flugzeug hebt ab.

Etagenbetten

Die normalen Mannschaften haben keine Einzelkabinen, sondern teilen sich mit 60 anderen Crewmitgliedern einen Gemeinschaftsschlafsaal. Darin stehen jeweils drei Betten („Kojen") übereinander.

Die Inseln

Bis auf die beiden Inseln hat ein Flugzeugträger kaum Aufbauten. Die vordere ist der Kontrollturm des Schiffes mit der Kommandobrücke. Die hintere Insel entspricht dem Tower eines Flughafens. Von hier wird der Flugverkehr gesteuert und der Luftraum überwacht.

Kontrolle des Luftverkehrs

Eine Klappe schirmt den Strahl des Düsentriebwerks ab.

Am Haken

Das Flugdeck ist auch zu kurz für eine Landung. Vom Heck des Flugzeugs hängt ein Haken herunter, den der Pilot bei der Landung in ein Fangseil einhängen muss, das quer über das Deck gespannt ist – ein riskantes Manöver. Ohne das Fangseil würde das Flugzeug am Ende der Landebahn ins Wasser stürzen.

Ein Senkrechtstarter kann ohne Fangseil starten und landen.

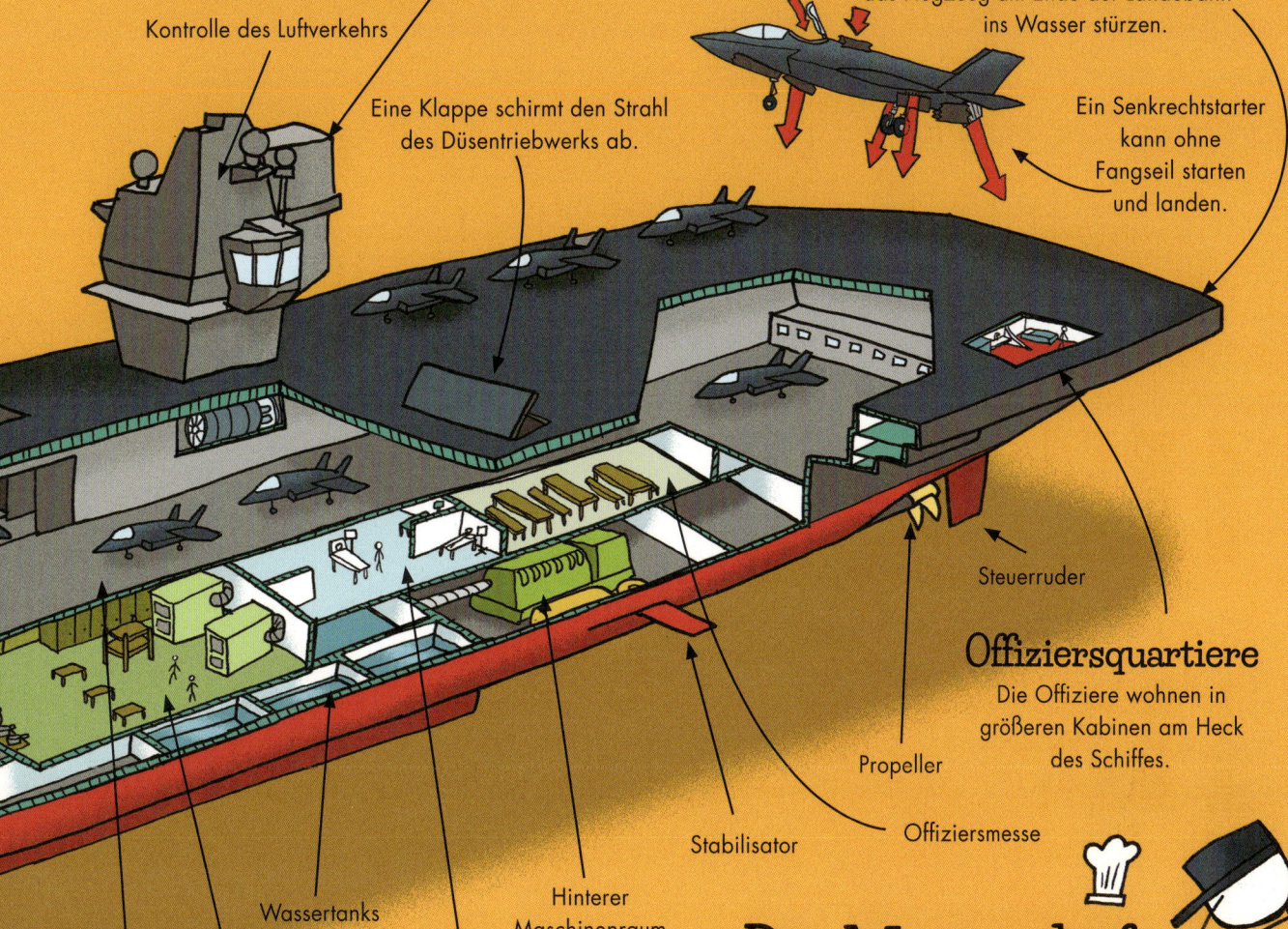

Steuerruder

Offiziersquartiere

Die Offiziere wohnen in größeren Kabinen am Heck des Schiffes.

Propeller

Offiziersmesse

Stabilisator

Wassertanks

Hinterer Maschinenraum

Speisesaal (Messe)

Krankenstation

Da ein Flugzeugträger in Kampfhandlungen verwickelt werden kann, steht für die Verletzten eine Krankenstation bereit. In einem normalen Flugzeugträger hat sie 50 oder mehr Betten, mehrere Operationssäle und Intensivstationen.

Hangardeck

Auf dem Flugdeck haben nur wenige Flugzeuge Platz. Die meisten stehen zwei Stockwerke tiefer im riesigen Hangardeck. Ein großer Flugzeugträger kann 60 oder mehr Flugzeuge transportieren. Sie werden mit einem der vier riesigen Fahrstühle auf das Flugdeck gehoben.

Die Mannschaft

Auf einem Flugzeugträger wird eine große Mannschaft benötigt. Für die Flugzeuge sind 2500 Männer und Frauen verantwortlich, 3000 oder mehr bilden die Schiffsmannschaft. Um sie alle satt zu machen, bereitet die Küche täglich 18.000 Mahlzeiten für die Messe zu.

Hilfe, wo bin ich?

Auf dem Flugzeugträger mit Tausenden von Räumen und zahlreichen Decks kann die Orientierung schwierig werden. Daher stellen manche den Seeleuten eine App für das Smartphone zur Verfügung, die anzeigt, wo man sich gerade befindet.

Segelboote

Für viele Menschen gibt es nichts Schöneres, als sich in einer Jacht oder einem kleinen Segelboot nur vom Wind über das Wasser tragen zu lassen. Es gehört großes Geschick dazu, das Boot mithilfe des Windes in jede beliebige Richtung zu steuern, aber genau das macht den Reiz beim Segeln aus.

Windantrieb

Viele große Segelschiffe der Vergangenheit hatten quadratische Segel, deren Fläche senkrecht zum Schiffsrumpf stand. Sie kamen daher nur voran, wenn der Wind von hinten in die Segel blies. Die dreieckigen Segel der modernen Segelboote stehen dagegen parallel zum Schiffskörper. Daher funktionieren sie, anders als die Segel der Vergangenheit, wie ein Flugzeugflügel.

Der Wind bläst schräg gegen das Segel und bläht es auf.

Höherer Druck

Der Luftstrom gegen das geblähte Segel erzeugt eine seitwärts gerichtete Kraft, ähnlich dem Auftrieb an der Tragfläche eines Flugzeuges.

Reduzierter Druck

Wenn der Wind direkt von der Seite auf das Segel bläst, würde das Boot umkippen, doch der Kiel und das Gewicht der Crew arbeiten dagegen an. Der Druck des Wassers gegen den Kiel erzeugt einen Gegendruck zum Wind. Ähnlich wie ein Stück Seife, das du zwischen den Fingern drückst, wird das Segelboot zwischen Wasser- und Winddruck nach vorn gepresst.

Keine Chance

Ein Boot mit dreieckigem Segel kann fast gegen den Wind segeln, aber eben nur fast. Die Längsachse des Bootes muss mindestens 40° von der Windrichtung abweichen, um noch voranzukommen.

Wenn ein Segler gegen den Wind segeln möchte, muss seine Jacht „kreuzen". Dabei stellt der Segler die Längsachse des Bootes im Zickzackkurs immer wieder hart an den Wind, damit der Wind schräg gegen die Segel bläst.

Hart am Wind

... segelt eine Jacht fast gegen die Windrichtung – die Segel sind straff gespannt.

Wind

Halber Wind

... segelt eine Jacht in 90° zur Windrichtung.

Winddruck gegen das Segel

Raumschots

... segelt eine Jacht, wenn der Wind schräg von hinten bläst.

Gewicht der Crew

Vor dem Wind

... segelt eine Jacht, wenn der Wind direkt von hinten bläst.

Wasserdruck gegen den Kiel

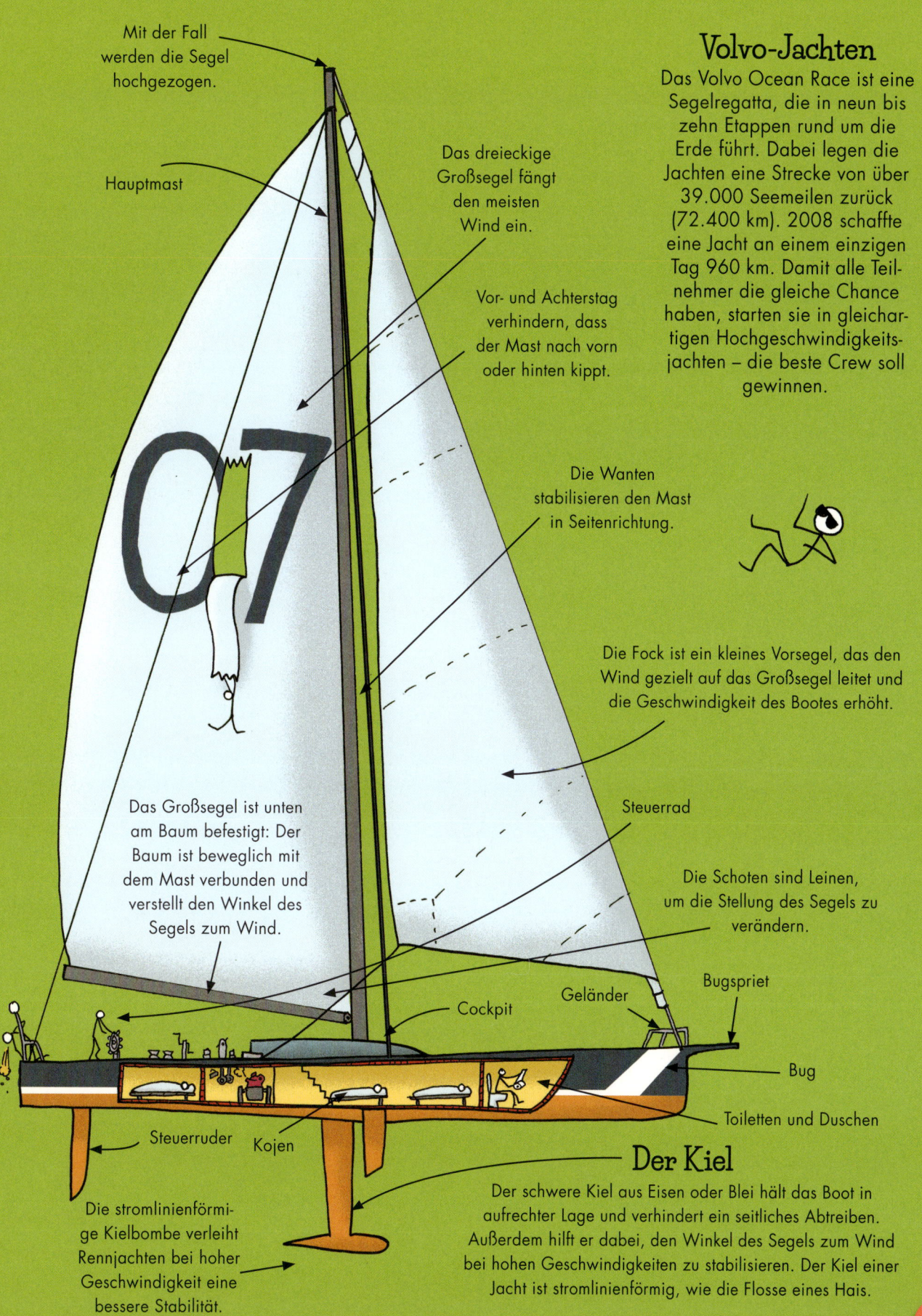

Mit der Fall werden die Segel hochgezogen.

Hauptmast

Das dreieckige Großsegel fängt den meisten Wind ein.

Vor- und Achterstag verhindern, dass der Mast nach vorn oder hinten kippt.

Volvo-Jachten

Das Volvo Ocean Race ist eine Segelregatta, die in neun bis zehn Etappen rund um die Erde führt. Dabei legen die Jachten eine Strecke von über 39.000 Seemeilen zurück (72.400 km). 2008 schaffte eine Jacht an einem einzigen Tag 960 km. Damit alle Teilnehmer die gleiche Chance haben, starten sie in gleichartigen Hochgeschwindigkeitsjachten – die beste Crew soll gewinnen.

Die Wanten stabilisieren den Mast in Seitenrichtung.

Die Fock ist ein kleines Vorsegel, das den Wind gezielt auf das Großsegel leitet und die Geschwindigkeit des Bootes erhöht.

Steuerrad

Das Großsegel ist unten am Baum befestigt: Der Baum ist beweglich mit dem Mast verbunden und verstellt den Winkel des Segels zum Wind.

Die Schoten sind Leinen, um die Stellung des Segels zu verändern.

Bugspriet

Cockpit

Geländer

Bug

Toiletten und Duschen

Steuerruder

Kojen

Der Kiel

Der schwere Kiel aus Eisen oder Blei hält das Boot in aufrechter Lage und verhindert ein seitliches Abtreiben. Außerdem hilft er dabei, den Winkel des Segels zum Wind bei hohen Geschwindigkeiten zu stabilisieren. Der Kiel einer Jacht ist stromlinienförmig, wie die Flosse eines Hais.

Die stromlinienförmige Kielbombe verleiht Rennjachten bei hoher Geschwindigkeit eine bessere Stabilität.

Unterseeboote

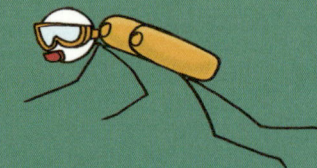

Moderne Atom-U-Boote sind die geheimnisvollsten Schiffe der Meere. Sie können mindestens 240 m tief tauchen und erreichen Geschwindigkeiten von fast 50 km/h. Da sie drei Monaten lang unter Wasser bleiben, können sie ohne aufzutauchen fast zweimal die Erde umrunden. U-Boote können überall fahren und da sie unter Wasser unsichtbar sind, weiß niemand, wo sie gerade sind.

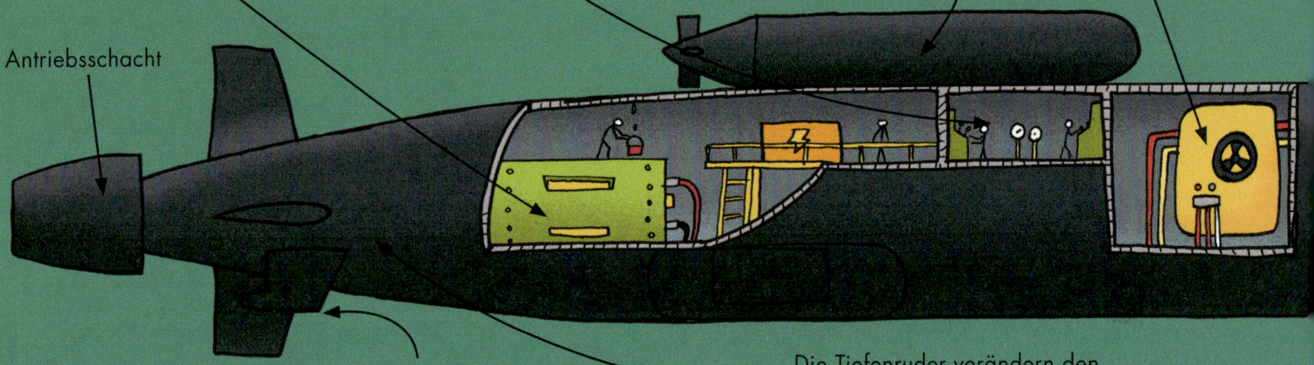

Der Stromgenerator erzeugt den Strom für die Schiffssysteme und für die Elektromotoren, die die Propeller antreiben.

Im Maschinenraum werden die Antriebssysteme kontrolliert.

Der Atomreaktor liefert den Dampf zum Betrieb der Generatoren.

Mit diesem Mini-U-Boot lassen sich Spezialtruppen oder Geheimagenten an Land transportieren.

Antriebsschacht

Die Tauchzellen werden zum Abtauchen mit Wasser, zum Auftauchen mit Luft gefüllt.

Die Tiefenruder verändern den Winkel des Bootes beim Ab- und Auftauchen.

Der Reaktor

Der Atomreaktor (Kernreaktor) ist kleiner, funktioniert aber wie ein Atomreaktor an Land. Die Kernreaktion erhitzt Wasser, bis es verdampft. Der Dampf treibt eine Turbine an. Die Turbine ist entweder über eine Welle direkt mit dem Propeller oder mit einem Generator verbunden, der einen Elektromotor mit Strom für den Propeller versorgt.

Elektromotor

Batterie

Stromgenerator

Turbine

Dampfkessel

Atomreaktor

Diesel- oder Atomantrieb

Diesel: U-Boote mit einem Dieselmotor können nur ein paar Tage unter Wasser bleiben. Da der Motor Luft für die Verbrennung braucht, werden untergetauchte Diesel-U-Boote von einem Batterie-Elektromotor angetrieben. Sie müssen alle paar Tage auftauchen, um die Batterien aufzuladen. Außerdem nimmt Dieseltreibstoff viel Platz ein und die Tanks reichen nur für einige Wochen.

Atom: Der Bau von Atom-U-Booten ist sehr teuer, aber ein Atomreaktor braucht keine Luft und die Brennstäbe nehmen so wenig Platz ein, dass ein Atom-U-Boot theoretisch jahrelang tauchen könnte, ohne neues Kernmaterial zu laden. Der einzige Grund, warum auch Atom-U-Boote nach 90 Tagen auftauchen müssen, sind die Vorräte – die Mannschaft muss essen.

Masten

Aus den Raketen-
schächten werden
Raketen senkrecht
nach oben abgefeuert.

Die Mannschafts-
quartiere sind eng;
die Crew schläft
in mehrstöckigen
Kojen.

In der Kommandozentrale
überwachen die Offiziere
den Schiffsverkehr auf
der Meeresoberfläche auf
großen Bildschirmen.

Kommando-
turm

Im Raketenraum lagern
die Raketen, die in
die Schächte im Bug
geladen werden.

Einziehbare Tiefen-
ruder, die zusammen
mit den hinteren
Tiefenrudern die
Tauchtiefe des
U-Boots verändern.

Torpedos werden nach
vorn durch Torpedorohre
abgeschossen.

Ein Sonar spürt andere
U-Boote und Hindernisse
im Wasser auf.

Die seitlichen Tiefenruder
verändern den Winkel des
Bootes beim Tauchen.

Ventile lassen die Luft ab;
die Tanks füllen sich mit
Wasser – das U-Boot taucht.

Die Trimmtanks werden mit Wasser
gefüllt oder geleert, damit das
Boot in horizontaler Lage bleibt.

Abtauchen!

Unterseeboote können tauchen, weil sie eine doppelte Wand haben. Der Zwischenraum zwischen äußerer und innerer Wand dient als Ballasttank. Wird Wasser in die Ballasttanks gepumpt, wird das Boot schwerer und sinkt ab. Beim Auftauchen wird das Wasser durch Luft aus den Tanks gepresst.

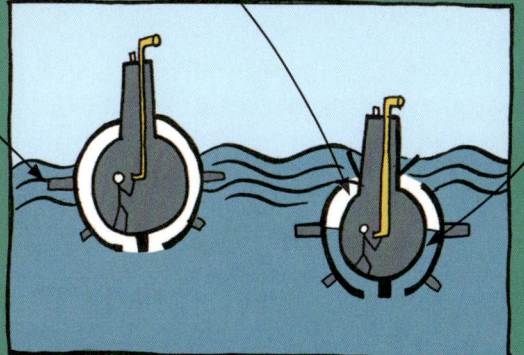

71

Luftkissenfahrzeuge

Mit einem Luftkissenfahrzeug oder Hovercraft (gesprochen Huwerkraft) schwebst du wie auf Wolken. Es gleitet auf einem Luftpolster zwischen Fahrzeug und Boden. Daher kann es sowohl über Wasser als auch über festem Boden schweben. Luftkissenfahrzeuge werden vom Militär und für Rettungseinsätze benutzt. Die russische Subr (Wisent) ist mit 57 m das größte Luftkissenfahrzeug.

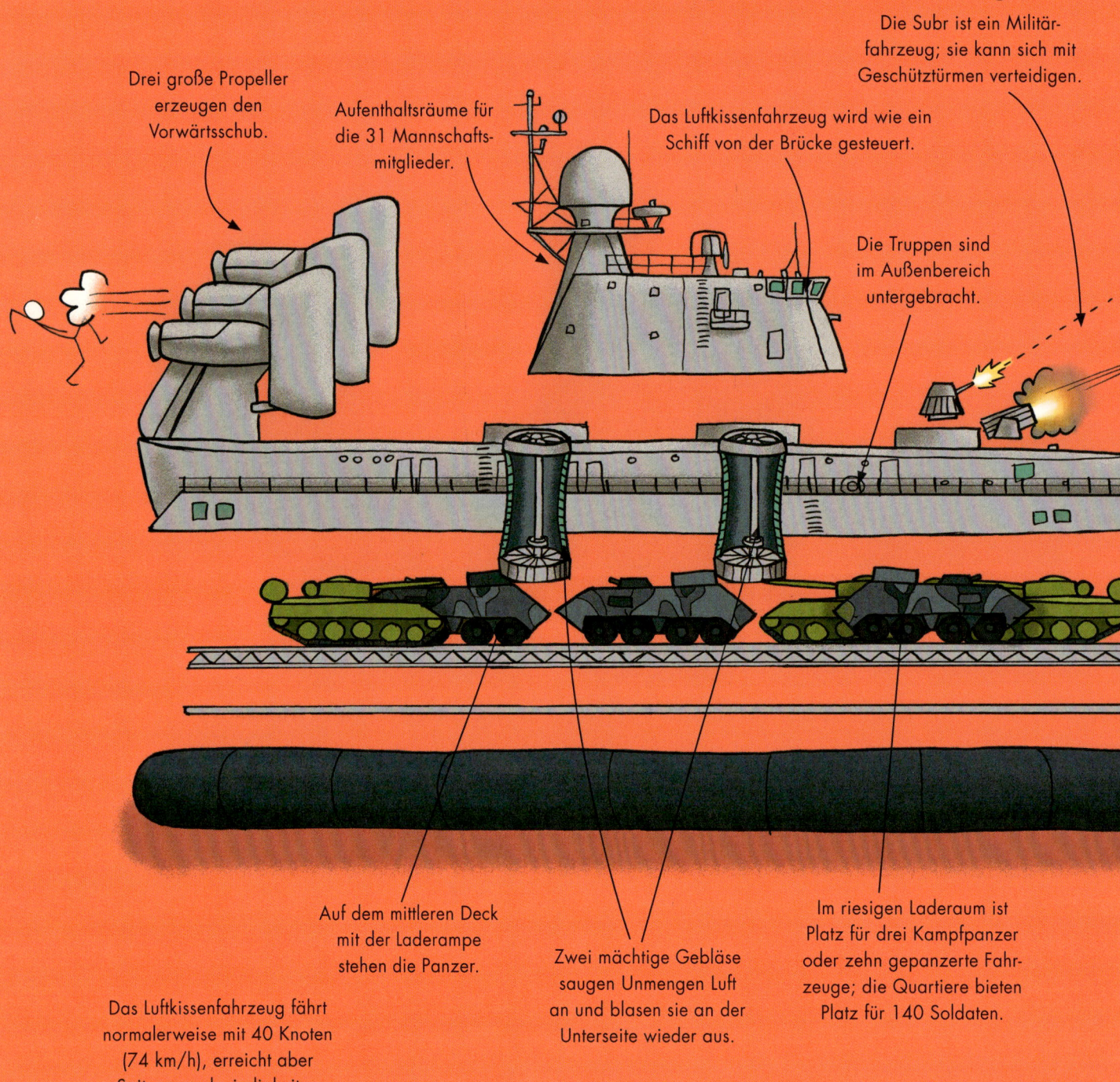

Die Subr ist ein Militärfahrzeug; sie kann sich mit Geschütztürmen verteidigen.

Drei große Propeller erzeugen den Vorwärtsschub.

Aufenthaltsräume für die 31 Mannschaftsmitglieder.

Das Luftkissenfahrzeug wird wie ein Schiff von der Brücke gesteuert.

Die Truppen sind im Außenbereich untergebracht.

Auf dem mittleren Deck mit der Laderampe stehen die Panzer.

Zwei mächtige Gebläse saugen Unmengen Luft an und blasen sie an der Unterseite wieder aus.

Im riesigen Laderaum ist Platz für drei Kampfpanzer oder zehn gepanzerte Fahrzeuge; die Quartiere bieten Platz für 140 Soldaten.

Das Luftkissenfahrzeug fährt normalerweise mit 40 Knoten (74 km/h), erreicht aber Spitzengeschwindigkeiten von über 115 km/h.

So funktioniert ein Luftkissenfahrzeug

Enorm leistungsstarke Gebläse saugen oben Luft an und blasen sie unten wieder aus. Eine flexible Schürze um den Rand des Fahrzeugs verhindert, dass die Luft seitlich abfließt – sie erzeugt das Luftkissen, auf dem das Fahrzeug schwebt.

Luft strömt in die Gebläse ein.

Gebläse

Wasseroberfläche

Da die Schürze flexibel ist, kann das Fahrzeug auch über unebenem Boden schweben.

Ein Teil der Luft entweicht aus der Schürze.

Zusätzliche Propeller drücken die Luft nach hinten und treiben das Fahrzeug an.

Cockpit

Luftstrom abwärts

Das Fahrzeug schwebt auf dem Luftkissen innerhalb der Schürze.

Ein Steuerruder hinter den Propellern lenkt die Luft um und steuert das Fahrzeug.

Nützliche Helfer

In den 1950er-Jahren erfand der britische Ingenieur Christopher Cockerell das Luftkissenfahrzeug. Heute werden sie überall auf der Erde in der Katastrophenhilfe, von Forschern oder in kleinen Versionen zu Rennen eingesetzt.

Über die Laderampe können Fahrzeuge die Subr schnell verlassen.

Vielseitig

Da Luftkissenfahrzeuge sowohl auf Wasser als auch auf Land fahren können, eignen sie sich ideal für den Fährverkehr auf Flüssen und Seen, die im Winter zufrieren.

MONSTER-MASCHINEN

Gigantische Maschinen

Maschinen sind Geräte, deren Teile durch einen Antrieb bewegt werden. Sie sind überall: Sie schneiden unser Brot, waschen unsere Wäsche und spülen unser Geschirr. Doch in diesem Kapitel geht es nicht um elektrische Dosenöffner sondern um die Giganten unter den Maschinen. Neben ihnen wirkt der Mensch winzig klein.

Maschinen gibt es in allen möglichen Formen und Größen, je nach der Aufgabe, die sie jeweils zu erfüllen haben. Besonders große Maschinen findet man im Tagebau, also dem Abbau von Mineralen und Gesteinen an der Erdoberfläche. So fressen sich riesige Schaufel-radbagger durch die Braun-kohle-Reviere Deutschlands.

Fabriken als Maschinen

Automatisierte Fabrikhallen sind die größten Maschinen der Welt. In modernen Auto-fabriken, wie hier bei BMW in München, bauen ganze Heerscharen von Robotern die Autos, während die Menschen sie an ihren Monitoren überwachen und hin und wieder warten.

Geschichte der Monstermaschinen

Enorme Maschinen sind keineswegs Erfindungen der modernen Zeit. Die größten Maschinen wurden zwar erst nach der Industriellen Revolution vor etwa zwei Jahrhunderten gebaut, doch schon in der Antike gab es außerordentliche Maschinen: im alten Ägypten, in Griechenland und Rom und in China.

340 v. Chr.

Der Grieche Polydus von Thessalien baut eine der größten Belagerungsmaschinen aller Zeiten: Helepolis, ein 40 m hoher, gepanzerter Turm auf Rädern, geeignet um damit Stadtmauern zu überwinden. Der Gigant bleibt aber im Matsch stecken.

1. Jh. n. Chr.

Die Römer bauen die Mühlen von Barbegal in Frankreich: Sie leiteten Wasser über eine Treppe auf 16 riesige Wasserräder für Mühlen, die täglich 4,5 to. Mehl mahlen konnten. Die Runde geht an die Römer.

| 2000 v. Chr. | 1300 v. Chr. | 600 v. Chr. | 200 v. Chr. |

3000 v. Chr.

Um die Steine für die riesigen Pyramiden nach oben zu transportierten, erfinden die Ägypter eine Rampe – trotzdem eine harte Arbeit.

214 v. Chr.

Der Wissenschaftler und Erfinder Archimedes von Syrakus in Sizilien soll einen gewaltigen Kran oder Greifarme mit einer eisernen Kralle gebaut haben, um angreifende römische Schiffe aus dem Wasser zu reißen – Schiffe versenken in echt.

12. Jh.

Der kurdische Ingenieur Mardi Ibn Ali al-Tarsui beschreibt ein gewaltiges Katapult mit Gegengewicht – die Blide oder Trebuchet. Sie konnte autogroße Brocken auf die Feinde schleudern. Hatten sie das verdient?

1839

Der Amerikaner William Otis (ein Cousin von Elisha Otis, dem Erfinder des Fahrstuhls) erfindet die Dampfschaufel, den Großvater aller Bagger. Damit konnte man richtig tiefe Löcher buddeln.

1907

In Clydebank (Großbritannien) wird der Titan errichtet. Mit diesem Kran wurden Schiffe wie die Queen Elizabeth gebaut. Er war der größte Ausleger- oder Hammerkran seiner Zeit und der erste mit Elektromotor. Der Titan konnte 160 t. heben (etwa 26 Afrikanische Elefanten).

50 n. Chr.   **650 n. Chr.**   **1200 n. Chr.**   **2000**

1780

Das Schiffshebewerk wird erfunden. Es hebt oder senkt Boote wie ein Fahrtuhl in einem Kanal auf ein anderes Wasserniveau. Das älteste, erhaltene Beispiel steht in (Großbritannien) und wurde 1875 erbaut. Das zur Zeit größte Schiffshebewerk in China am Drei-Schluchten-Damm hebt größere Schiffe 113 m hoch.

1913

Henry Ford erfindet das erste Fließband, um große Mengen des Ford-T-Modells zu bauen – viele Autos für die ersten Staus.

1825

Der britische Ingenieur Marc Isambard Brunel erfindet die Tunnelbohrmaschine für einen Tunnel unter der Themse.

Kipplaster

Im Tagebergbau müssen enorme Mengen Gestein bewegt werden. Das schaffen nur die Riesenkipplaster. Das sind hausgroße Ungetüme, viel zu riesig für eine normale Straße. Doch im Bergwerk stören keine anderen Fahrzeuge. Hier kommt es nur darauf an, so viel Schutt so schnell wie möglich zu transportieren. Da es in einem Tagebau ziemlich rau zugeht, müssen die Laster außerdem sehr robust gebaut sein.

Mit brachialer Gewalt

Die Motoren dieser Laster dürfen auf keinen Fall versagen. Daher sind „Großmuldenkipper" wie der BelAZ 75710 nicht mit einem, sondern mit zwei Motoren ausgestattet – mächtige Dieselmotoren mit 16 Zylindern. Im Prinzip sind es Stromgeneratoren, die den Strom für die vier Elektromotoren an den Rädern erzeugen.

Das Führerhaus

Im Vergleich zur Gesamtgröße des Lasters ist die Fahrerkabine winzig und kaum zu sehen. Der Fahrer muss über eine Leiter einsteigen. Ohne eine Servolenkung – sie verstärkt die Kraft des Lenkrades – könnte er die riesigen Räder überhaupt nicht lenken.

Ladefläche

Zum Leeren der Ladefläche oder Kippmulde schieben zwei massive Hydraulikkolben die Ladefläche nach oben. In der höchsten Stellung ist die Kippmulde höher als ein fünfstöckiges Haus.

Kleiner Wendekreis

Manchmal muss der Laster an engen Stellen umlenken. Dazu lassen sich die Vorderräder so weit eindrehen, dass der BelAZ 75710 fast auf der Stelle drehen kann.

Seilbagger

Natürlich werden die Riesenlaster von ebenso gewaltigen Baggern beladen. Seilbagger graben mit ihren gewaltigen Schürfkübeln, die über ein Seil an einem langen Arm befestigt sind, große Mengen an Erdreich oder Steinen ab. Über ein weiteres Seil kann der Kübel geschlossen und geöffnet werden.

Hoch und mächtig

Der augenblicklich größte Laster der Welt ist der BelAZ 75710 aus Weißrussland. Seine Ladefläche kann 450 t Gestein aufnehmen. Das entspricht dem Gewicht von etwa 250 Autos oder 40 Afrikanischen Elefanten. Um diese Masse zu bewegen, bringen es die Motoren zusammen auf 4665 PS. Zum Vergleich: Ein Golf GTI hat gerade mal 230 PS.

Wie viel?

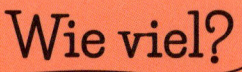

Wenn du einen BelAZ 75710 kaufen möchtest, brauchst du eine Menge Geld. Er kostet dich schlappe 5,5 Mio. Euro!

Die Kippmulde

Die Kippmulde ist aus massivem, dickem Stahl gebaut, sonst könnte sie das enorme Gewicht und die Belastung durch das rutschende Gestein nicht aushalten. Beladen wird sie mit Baggern oder einem Förderband. Damit das Entladen gleichmäßig und schnell geht, wird die Ladefläche mit zwei Hydraulikkolben steil nach oben gekippt.

Große Räder

Der Laster rollt auf den wahrscheinlich größten Reifen der Welt. Sie sind höher als ein Afrikanischer Elefant – etwa so hoch wie zwei Erwachsene übereinander. Jeder Laster hat sechs oder acht Reifen mit enorm massiven Gummilaufflächen. Die Reifen sind außerordentlich stabil und klobig – bloß keine Reifenpanne riskieren!

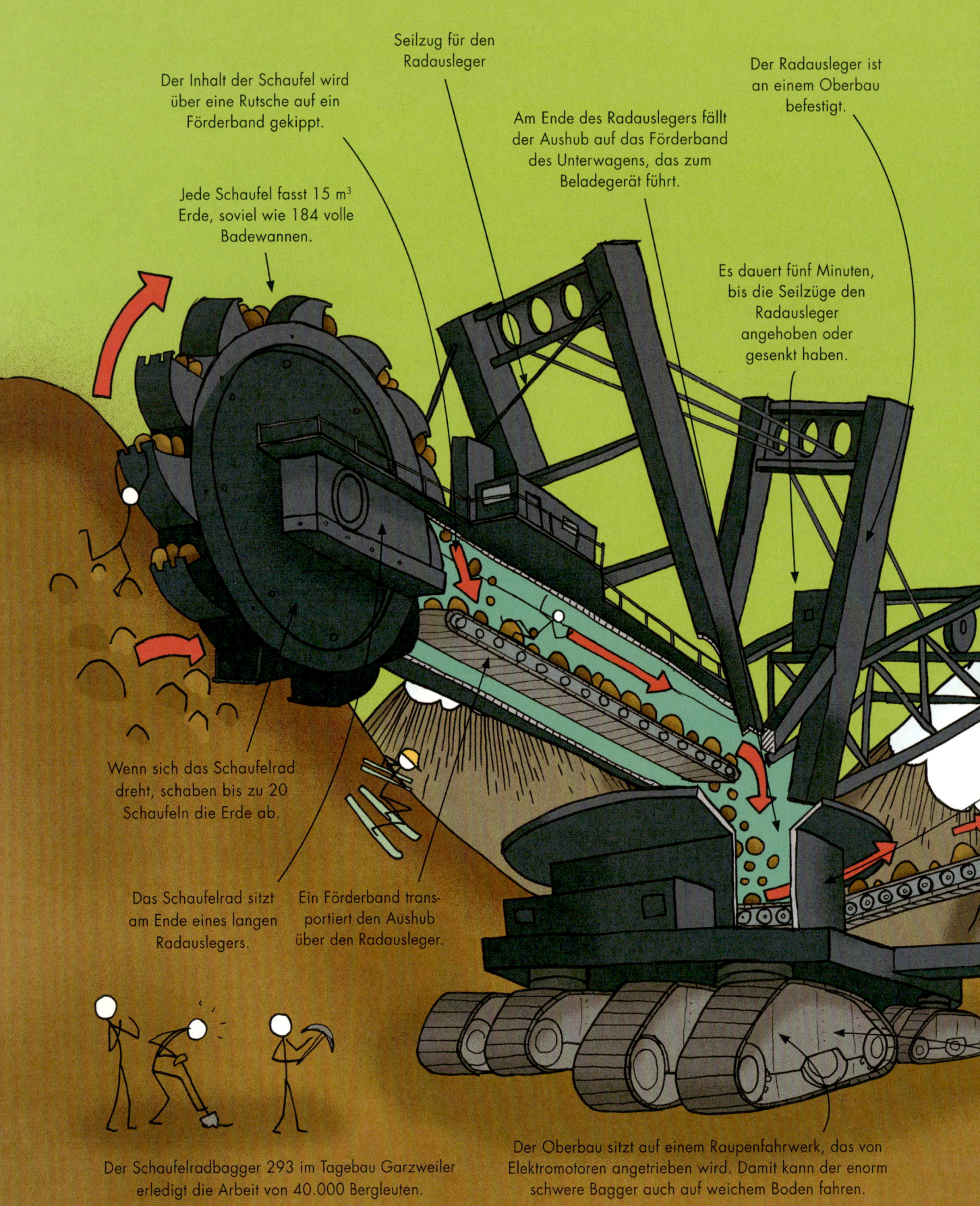

Der Inhalt der Schaufel wird über eine Rutsche auf ein Förderband gekippt.

Seilzug für den Radausleger

Am Ende des Radauslegers fällt der Aushub auf das Förderband des Unterwagens, das zum Beladegerät führt.

Der Radausleger ist an einem Oberbau befestigt.

Jede Schaufel fasst 15 m³ Erde, soviel wie 184 volle Badewannen.

Es dauert fünf Minuten, bis die Seilzüge den Radausleger angehoben oder gesenkt haben.

Wenn sich das Schaufelrad dreht, schaben bis zu 20 Schaufeln die Erde ab.

Das Schaufelrad sitzt am Ende eines langen Radauslegers.

Ein Förderband transportiert den Aushub über den Radausleger.

Der Schaufelradbagger 293 im Tagebau Garzweiler erledigt die Arbeit von 40.000 Bergleuten.

Der Oberbau sitzt auf einem Raupenfahrwerk, das von Elektromotoren angetrieben wird. Damit kann der enorm schwere Bagger auch auf weichem Boden fahren.

Schaufelradbagger

Schaufelradbagger sind wahre Maschinenungetüme und zählen zu den größten Landfahrzeugen überhaupt. Ihre rotierenden Schaufelräder graben sich mit unglaublicher Geschwindigkeit in die Erde. Die größten dieser Bagger schaffen Hunderttausende Tonnen Erde beiseite und hinterlassen tiefe Gruben in der Erde.

Big Bagger

Der größte Schaufelradbagger und das größte Fahrzeug der Welt ist der Schaufelradbagger 293, der sich im Braunkohlentagebau bei Hambach in die Erde gräbt. Er ist 295 m lang und 96 m hoch – länger als der Kölner Dom und so hoch wie die Münchner Frauenkirche. Trotz seines enormen Gewichtes von 14.200 t. ist er auf einem Raupenfahrwerk montiert und fahrbar.

Der Ausleger kann sich über eine Drehscheibe auf dem Fahrwerk in einer halben Stunde drehen und schwenken.

Ein Gegengewicht am Ausleger balanciert das Schaufelrad aus.

Das ausgebaggerte Material fließt über schwenkbare Förderbänder vom Ausleger auf die wartenden Laster.

Der Bagger 293 ist kein Rennwagen: Er schafft 9 m pro Minute, das entspricht 0,5 km/h.

Weil sich das enorme Gewicht des Baggers auf die große Lauffläche des Raupenfahrzeugs verteilt, sinkt die Maschine nicht ein.

Die Braunkohle, die der Schaufelradbagger an einem Tag fördert, würde 2400 Eisenbahnwaggons füllen.

Tunnelbohrmaschinen

Wenn heute ein großer Auto- oder Eisenbahntunnel gebaut wird, kommen die Tunnelbohrmaschinen (TBM) ins Spiel. Sie wühlen sich wie ein überdimensionaler Bohrer durch die Erde und hinterlassen hinter sich einen fertigen Tunnel. Mit einer TBM geht der Bau von U-Bahnen, Abwasserleitungen und anderer Tunnel viel schneller voran.

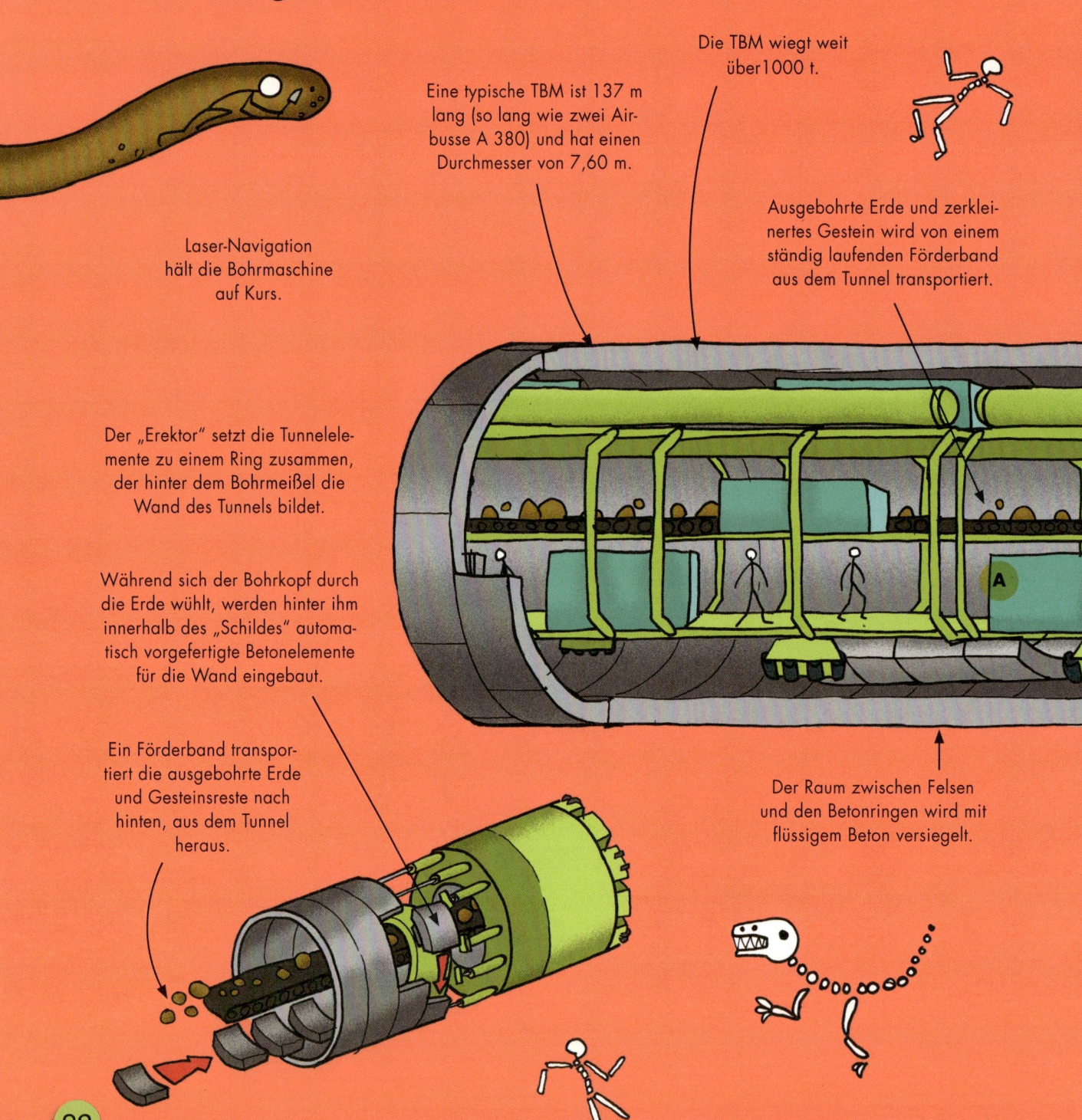

Die TBM wiegt weit über 1000 t.

Eine typische TBM ist 137 m lang (so lang wie zwei Airbusse A 380) und hat einen Durchmesser von 7,60 m.

Ausgebohrte Erde und zerkleinertes Gestein wird von einem ständig laufenden Förderband aus dem Tunnel transportiert.

Laser-Navigation hält die Bohrmaschine auf Kurs.

Der „Erektor" setzt die Tunnelelemente zu einem Ring zusammen, der hinter dem Bohrmeißel die Wand des Tunnels bildet.

Während sich der Bohrkopf durch die Erde wühlt, werden hinter ihm innerhalb des „Schildes" automatisch vorgefertigte Betonelemente für die Wand eingebaut.

Ein Förderband transportiert die ausgebohrte Erde und Gesteinsreste nach hinten, aus dem Tunnel heraus.

Der Raum zwischen Felsen und den Betonringen wird mit flüssigem Beton versiegelt.

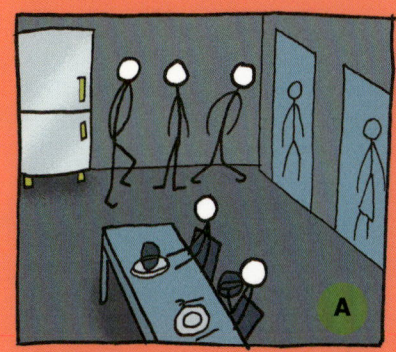

Die TBM kommt mit einem kleinen Team aus. Ein Ingenieur in einem Kontrollraum ein Stück hinter dem Bohrkopf sieht auf Monitoren, was die Kameras auf dem Bohrkopf aufnehmen, und überwacht den Vortrieb.

Pausenraum der Arbeiter

Hinter dem Bohrkopf sitzen die Elektromotoren und das Hydraulikaggregat.

Sensoren auf dem Bohrkopf messen Drehung und Vortrieb und regeln automatisch die Kraftübertragung.

Ein röhrenförmiger Stahlschild hinter dem Bohrkopf schützt die Arbeiter vor abstürzender Erde und Gestein.

Leistungsstarke Elektromotoren drehen den Bohrkopf und treiben ihn in das Gestein.

Die starken Hydraulikstempel pressen den Bohrkopf nach vorn gegen das Gestein.

Die Vorderseite der TBM ist eine riesige, drehbare Scheibe (Bohrkopf oder Abbauschild) mit unglaublich harten Stahlschneiden und -schabern, die eine Tunnelröhre ins Gestein bohren.

Big Bertha steckt fest

Die Tunnelbormaschine Big Bertha (gesprochen Big Börtha) wiegt 7000 t. und hat einen Bohrkopf von 17,50 m Durchmesser. Als sie 2013 einen großen, doppelstöckigen Tunnel in Seattle bohrte, kam sie täglich 9 m tief durch soliden Felsen. Doch nach 300 m verklemmten Felsbrocken die Kugellager – Bertha blieb stecken. Die Ingenieure brauchten über ein Jahr, um neue Kugellager einzubauen und die gewichtige Dame wieder flottzumachen.

Halbtaucher-Bohrinsel

Einige der ergiebigsten Erdöl- und Erdgasquellen liegen unter dem Meer. Um diese Vorräte auszubeuten, werden riesige Bohrinseln auf hoher See (Offshore) gebaut. Und wie funktioniert das im tiefen Wasser, wenn die Bohrinseln nicht auf Stützen auf dem Meeresboden stehen können? Hier kommen die Halbtaucher-Bohrinseln ins Spiel. Sie stehen auf schwimmenden Pontons (Tanks), die ins Meer eintauchen.

Der Bohrschlamm wird durch das hohle Bohrgestänge nach unten gepresst.

Der Bohrschlamm steigt im Bohrloch wieder auf und nimmt das Bohrklein mit.

Eine Düse spritzt den Bohrschlamm auf den Bohrmeißel und reinigt ihn dabei gleichzeitig.

An der Leine

Ein Bohrer kann sich bis in 7000 m Tiefe vorarbeiten. Auch unter dem Meer muss der Bohrmeißel gekühlt werden, sonst wird er beim Bohren durch Felsen zu heiß. Daher wird ständig „Bohrschlamm" in das Bohrloch gepresst. Er kühlt und säubert den Bohrmeißel und spült das ausgebohrte Gestein nach oben.

Harte Bohrer

Der Bohrmeißel an der Spitze des Bohrgestänges dreht sich langsam und arbeitet sich ins Gestein vor. Je nach Gesteinsart werden unterschiedliche Meißel verwendet: Stahl, Wolframkarbidstahl, künstliche oder sogar echte Diamanten.

Springquelle

Wenn der Bohrer fast bis zum Öl vorgedrungen ist, kleiden die Arbeiter das Bohrloch mit Beton aus. Das Öl tritt unten, durch kleine Löcher im Beton in die Röhre ein. Oben wird das Bohrloch mit einer Reihe von Ventilen und Kontrollen verschlossen. Dann zerstören die Arbeiter mit Säuren oder einem Sandstrahl die letzte dünne Gesteinsschicht über dem Öl und das Öl schießt durch seinen eigenen Druck durch das Bohrloch nach oben.

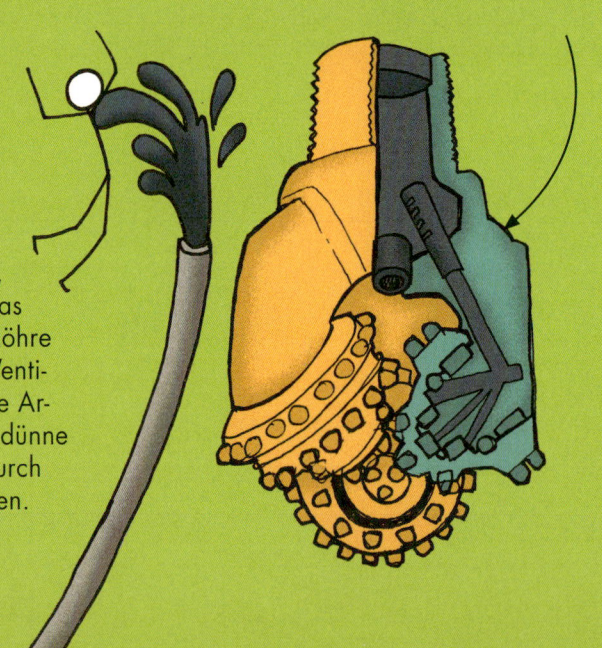

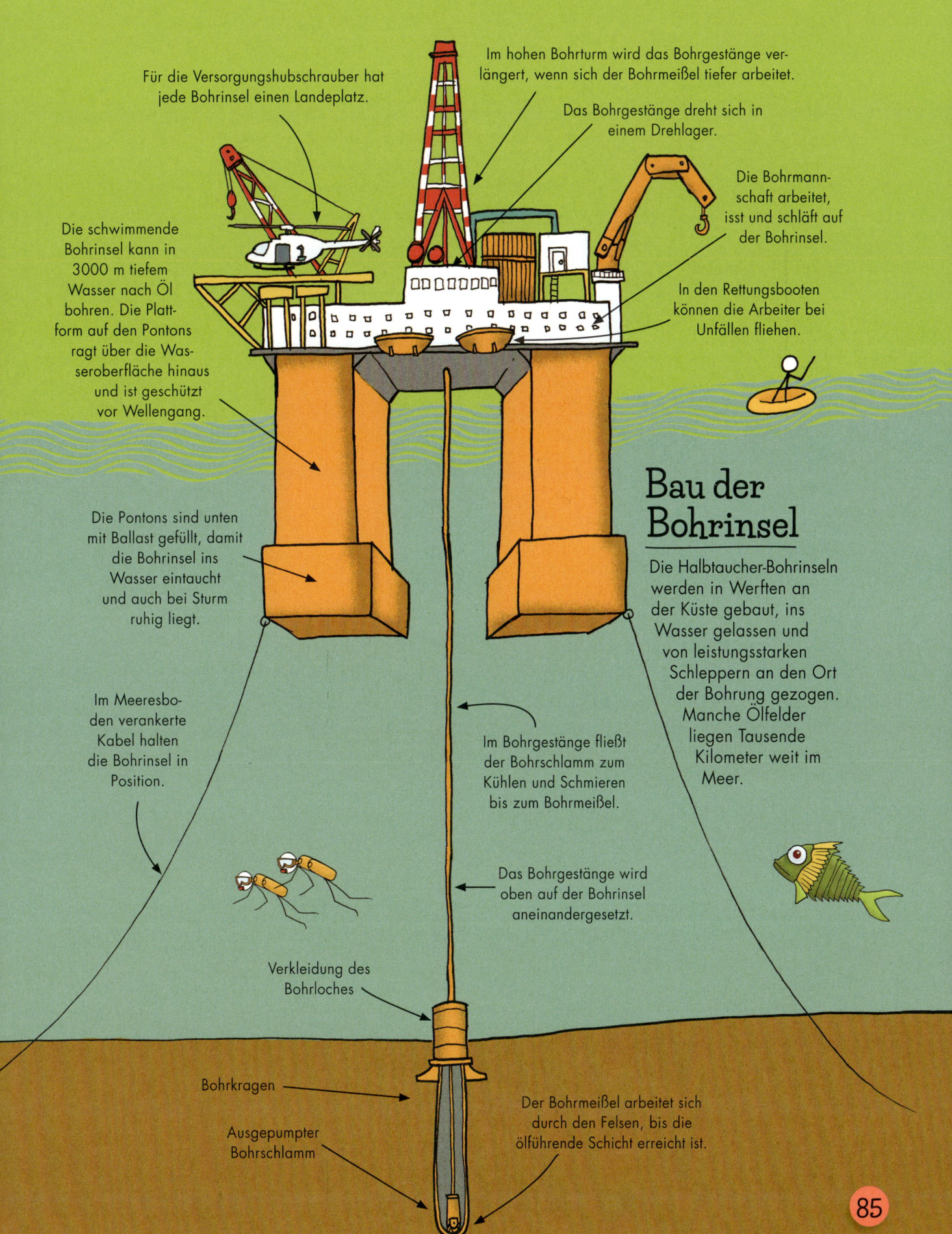

Für die Versorgungshubschrauber hat jede Bohrinsel einen Landeplatz.

Im hohen Bohrturm wird das Bohrgestänge verlängert, wenn sich der Bohrmeißel tiefer arbeitet.

Das Bohrgestänge dreht sich in einem Drehlager.

Die Bohrmannschaft arbeitet, isst und schläft auf der Bohrinsel.

Die schwimmende Bohrinsel kann in 3000 m tiefem Wasser nach Öl bohren. Die Plattform auf den Pontons ragt über die Wasseroberfläche hinaus und ist geschützt vor Wellengang.

In den Rettungsbooten können die Arbeiter bei Unfällen fliehen.

Bau der Bohrinsel

Die Halbtaucher-Bohrinseln werden in Werften an der Küste gebaut, ins Wasser gelassen und von leistungsstarken Schleppern an den Ort der Bohrung gezogen. Manche Ölfelder liegen Tausende Kilometer weit im Meer.

Die Pontons sind unten mit Ballast gefüllt, damit die Bohrinsel ins Wasser eintaucht und auch bei Sturm ruhig liegt.

Im Meeresboden verankerte Kabel halten die Bohrinsel in Position.

Im Bohrgestänge fließt der Bohrschlamm zum Kühlen und Schmieren bis zum Bohrmeißel.

Das Bohrgestänge wird oben auf der Bohrinsel aneinandergesetzt.

Verkleidung des Bohrloches

Bohrkragen

Ausgepumpter Bohrschlamm

Der Bohrmeißel arbeitet sich durch den Felsen, bis die ölführende Schicht erreicht ist.

Teilchenbeschleuniger

Wie finden Forscher heraus, woraus ein Atom besteht? Sie lassen sie aufeinanderprallen und messen die Bruchstücke. Das geht nur in gewaltigen Teilchenbeschleunigern in unterirdischen Röhren. Die Atome werden fast auf Lichtgeschwindigkeit beschleunigt, dann prallen sie aufeinander. Die größte dieser Anlagen ist der Große Hadronen-Speicherring (Large Hadron Collider, LHC) am europäischen Kernforschungszentrum Cern (gesprochen Zern) bei Genf.

Spule des Elektromagneten

Innerer Detektor

Hitzedetektor

Muonen-Detektor

Die Detektoren

Im Ring sind sechs Detektoren eingebaut, mit denen die Forscher messen und experimentieren. Sie funktionieren im Prinzip wie eine Digitalkamera. Obwohl sie extrem winzige Teilchen messen, sind die Detektoren drei Stockwerke hoch und wiegen über 5000 t. ATLAS ist der größte von ihnen – so groß und kompliziert, dass es fünf Jahre dauerte, bis er in vorgefertigten Teilen in den Tunnel gebracht und zusammengebaut wurde. Er misst die Zusammenstöße von Protonen.

Enormes Forschungsprojekt

Der LHC wurde unterirdisch auf der Grenze zwischen der Schweiz und Frankreich gebaut. Er wird von der CERN betrieben, der europäischen Forschungsgemeinschaft für Atomforschung.

Das Higgs-Boson

Der LHC ist berühmt, weil er das sogenannte Higgs-Boson aufspüren sollte. Atomforscher glauben, dass dieses merkwürdige Teilchen für die Masse von Elementarteilchen verantwortlich ist. Es bestimmt also darüber, ob etwas „schwer" ist oder nicht. Tatsächlich wurde das Higgs-Boson 2013 im LHC entdeckt, aber noch kennt niemand die genauen Zusammenhänge.

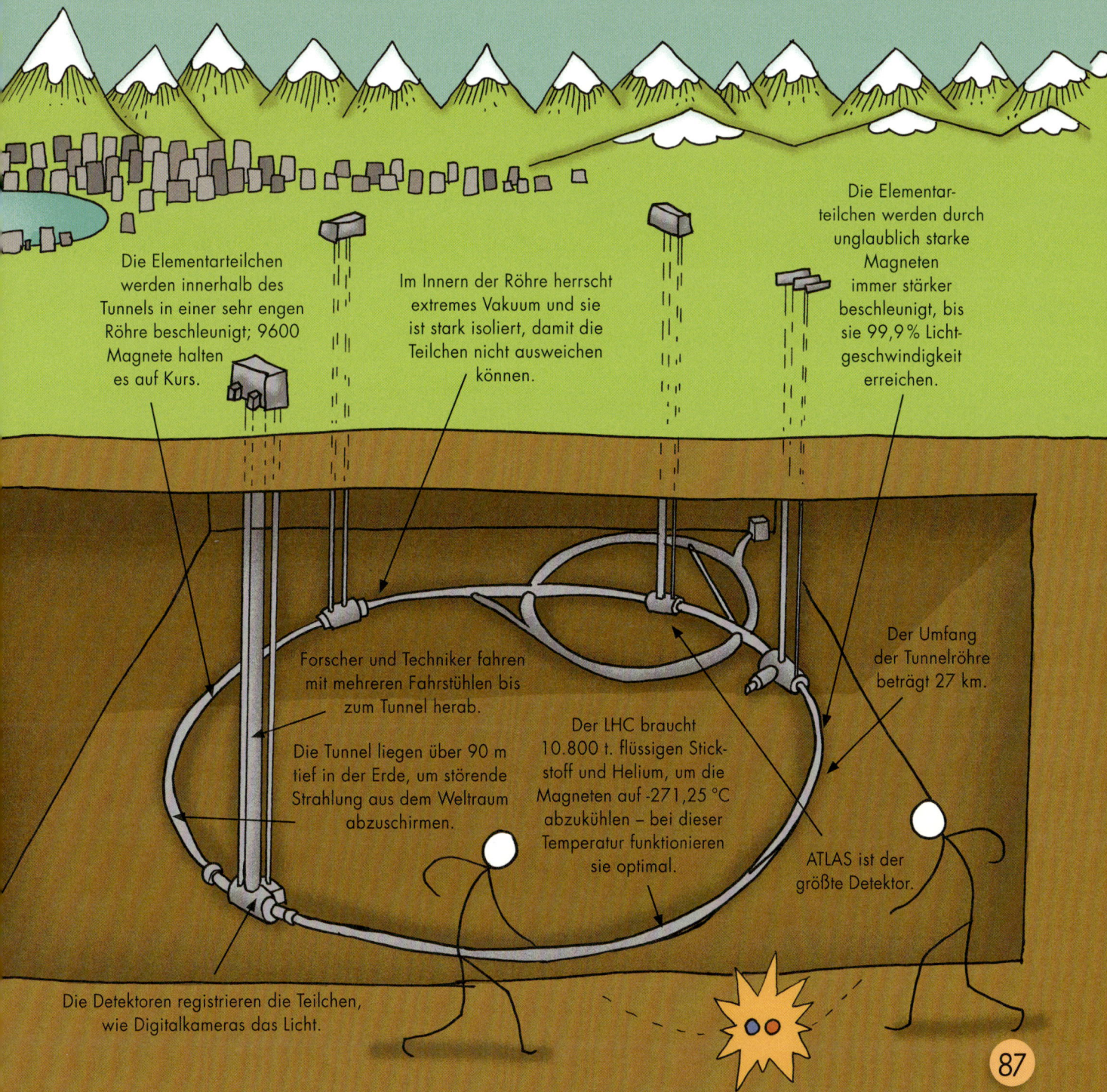

Die Elementarteilchen werden innerhalb des Tunnels in einer sehr engen Röhre beschleunigt; 9600 Magnete halten es auf Kurs.

Im Innern der Röhre herrscht extremes Vakuum und sie ist stark isoliert, damit die Teilchen nicht ausweichen können.

Die Elementarteilchen werden durch unglaublich starke Magneten immer stärker beschleunigt, bis sie 99,9 % Lichtgeschwindigkeit erreichen.

Forscher und Techniker fahren mit mehreren Fahrstühlen bis zum Tunnel herab.

Die Tunnel liegen über 90 m tief in der Erde, um störende Strahlung aus dem Weltraum abzuschirmen.

Der Umfang der Tunnelröhre beträgt 27 km.

Der LHC braucht 10.800 t. flüssigen Stickstoff und Helium, um die Magneten auf -271,25 °C abzukühlen – bei dieser Temperatur funktionieren sie optimal.

ATLAS ist der größte Detektor.

Die Detektoren registrieren die Teilchen, wie Digitalkameras das Licht.

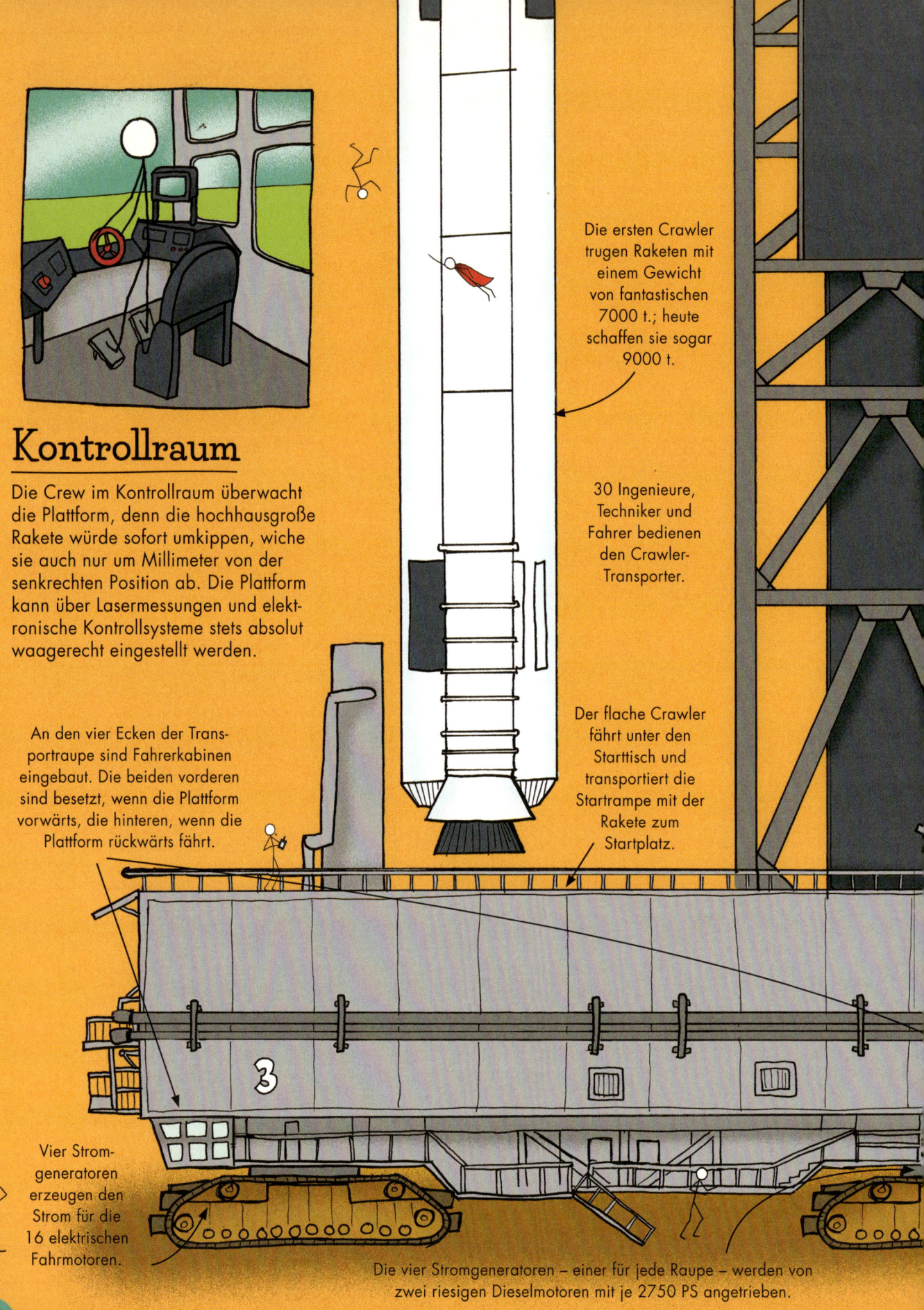

Kontrollraum

Die Crew im Kontrollraum überwacht die Plattform, denn die hochhausgroße Rakete würde sofort umkippen, wiche sie auch nur um Millimeter von der senkrechten Position ab. Die Plattform kann über Lasermessungen und elektronische Kontrollsysteme stets absolut waagerecht eingestellt werden.

An den vier Ecken der Transportraupe sind Fahrerkabinen eingebaut. Die beiden vorderen sind besetzt, wenn die Plattform vorwärts, die hinteren, wenn die Plattform rückwärts fährt.

Die ersten Crawler trugen Raketen mit einem Gewicht von fantastischen 7000 t.; heute schaffen sie sogar 9000 t.

30 Ingenieure, Techniker und Fahrer bedienen den Crawler-Transporter.

Der flache Crawler fährt unter den Starttisch und transportiert die Startrampe mit der Rakete zum Startplatz.

Vier Stromgeneratoren erzeugen den Strom für die 16 elektrischen Fahrmotoren.

Die vier Stromgeneratoren – einer für jede Raupe – werden von zwei riesigen Dieselmotoren mit je 2750 PS angetrieben.

Raketentransporter

Die Raketentransporter der NASA im Kennedy Space Center (USA) heißen Hans und Franz. Sie transportieren die Raketen aus dem Montagegebäude zum Startplatz, von wo aus sie in den Weltraum abheben. Die Transporter, auch Crawler genannt, sind die größten Fahrzeuge mit eigenem Antrieb.

Was transportieren sie?

- Die ersten Crawler wurden für die Saturn V Raketen für die Apollo-Missionen zum Mond gebaut. Sie transportierten eine 110 m hohe Rakete und ihre 121 m hohe Startrampe.

- Nach dem Ende der Apollo-Missionen fuhren die Crawler ab 1979 30 Jahre lang die Space-Shuttles mit den Boosterraketen zu den Startrampen.

- Einer der umgebauten Crawler wird künftig kommerzielle Raketen zum Starttisch fahren und der andere ist für die 97,50 m hohe Marsrakete vorgesehen.

Ein Crawler-Transporter ist 40 m lang und 34 m breit.

Die beiden Raupenketten bewegen sich zur Steuerung unabhängig voneinander.

Der Crawler ruht auf vier Fahrgestellen, jedes mit zwei Raupenketten und vier Elektromotoren als Antrieb.

Crawler lassen sich in der Höhe zwischen 6 und 8 m verstellen.

Die Hydraulikstempel an den Seiten können die Plattform unabhängig voneinander um 1,80 m heben und senken; sie stellen die Plattform vollkommen waagerecht ein.

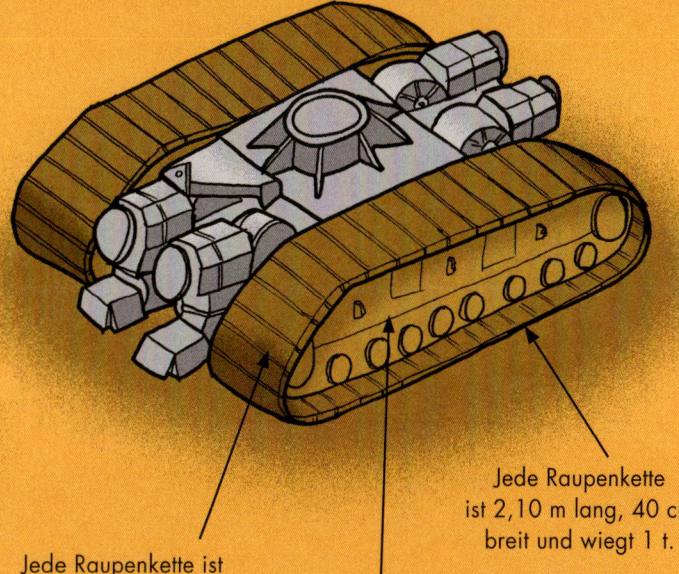

Jede Raupenkette ist 2,10 m lang, 40 cm breit und wiegt 1 t.

Ein beladener Crawler ist 1,6 km/h, ein unbeladener 3,2 km/h schnell.

Jede Raupenkette ist aus 57 Stahlgliedern zusammengesetzt.

Die Raupenketten werden von Rädern im Fahrwerk angetrieben; die große Fläche verteilt das Gewicht besser.

Der Crawler wiegt ohne Zuladung 2750 t.

Verrückte Erfindungen
Kuriose Fahrzeuge

Antiker Dampf

Glaubst du, Dampfmaschinen wurden vor ein paar Hundert Jahren erfunden? Falsch! Vor etwa 2000 Jahren baute der griechische Erfinder Heron von Alexandria (eine Stadt in Ägypten) einen kugelförmigen Kessel (Heronsball oder Äolipile). Der Kessel war drehbar aufgehängt und blies heißen Dampf aus zwei gekrümmten Röhren. Der ausströmende Dampf versetzte die Kugel in Rotation. Damit hatte Heron eine Dampfmaschine und die Bewegung durch Rückstoß erfunden – und er hatte keine Ahnung, wozu das gut sein könnte.

Am Rad drehen

John Archibald Purves aus Somerset in England erfand 1930 ein Fahrzeug, das auf drei der vier Räder verzichten konnte: Fahrer und ein Passagier saßen in einem großen Rad. Der innen angebrachte Motor „kletterte" am äußeren Rad hoch und versetzte es in Drehung – wie ein Hamster in seinem Rad. Es gab mehrere Modelle; eines schaffte fast 50 km/h. Purves hatte zwei Probleme: Lenken und Anhalten.

Wasserräder

Der Ingenieur Oliver Evans aus Delaware in den USA war ein einfallsreicher Erfinder. Er baute 1805 den ersten Schwimmbagger. Da dieser aber an Land ziemlich nutzlos war, setzte er Räder daran und fuhr zum Fluss. Evans hatte Amerikas erstes Auto erfunden – und gleich ein Schwimmauto. Er nannte seine Erfindung Oruktor Amphibolos („amphibischer Bagger").

Raketenskates (Motorschuhe)

Wozu braucht man Autos, Motorräder oder Eisenbahnen, wenn es Motorschuhe gäbe? Der Designer Peter Treadway aus Los Angeles erfand batteriegetriebene, motorisierte Schuhe, die man über seine normalen Schuhe zog. Zum Beschleunigen verlagert man das Gewicht nach vorn, zum Bremsen nach hinten. Die Motorschuhe waren etwa 20 km/h schnell und die Batterien reichten für 10-16 km.

Eine zündende Idee

Der Amerikaner Thomas Davenport aus Williamstown war fasziniert, als er 1831 sah, wie ein Elektromagnet große Metallteile hochhob. Er erkannte sofort, welche Kraft im Elektromagnetismus steckte, und erfand den ersten Elektromotor. Ein paar Jahre später (1835) baute er ihn sogar in ein Elektrofahrzeug ein. Da die Batterien nicht besonders leistungsfähig waren, kam er mit seiner Erfindung deutlich zu früh.

Verrückte Erfindungen
Seltsame Flugmaschinen

Fliegender Regenschirm?

Wer sagt, dass ein Flugzeug zwei lange Tragflächen braucht? Der New Yorker Erfinder William Romme sah das anders. Zusammen mit Chance Vought baute er in Chicago das Cycloplane. Es wurde auch „Schirmflugzeug" genannt, weil der Flügel wie ein Regenschirm aus Speichen bestand, die mit Stoff bespannt waren. Erstaunlich, aber es flog tatsächlich mehrfach zwischen 1911 und 1913.

Ein Flügelschlag

Zahllose Erfinder haben versucht, Flugzeuge zu bauen, die wie Vögel mit den Flügeln schlugen. Solche Flugmodelle werden Ornithopter genannt. Den ersten Ornithopter entwarf der geniale Leonardo da Vinci im 15. Jh. in Italien. Einer der erfolgreicheren Erfinder war George White: Er flog in einem Flugzeug mit Pedalantrieb 1928 in Augustine Beach (Florida, USA) immerhin etwa 1,5 km weit. Bis heute versuchen Erfinder, einen Ornithopter zu bauen.

Fliegende Untertasse

Wer sagt, dass Fliegende Untertassen nur von Außerirdischen benutzt werden? In den 1950er-Jahren bauten das US-Militär und Avro Canada heimlich eine fliegende Untertasse. Sie wurde Avrocar, manchmal auch Silberkäfer genannt und startete senkrecht, angetrieben von einer leistungsstarken Turbine in der Mitte. Die Untertasse flog 56 km/h schnell, allerdings nur etwas über einen Meter über dem Boden. Die Ingenieure von Avro waren sicher, sie könnten ein 480 km/h schnelles und 3000 m hoch fliegendes Gerät bauen.

Tiefflieger

Der russische Ingenieur Rostislaw Alexejew erkannte, das ein Flugzeug nicht unbedingt hoch fliegen müsse. Flugzeuge, die dicht über dem Boden fliegen, profitieren von einer besonderen Form des Auftriebs, dem Bodeneffekt. In den 1980er-Jahren bauten er und sein Team das Ekranoplan (Lun-Klasse). Es war ein über 60 m langes Wasserflugzeug, das nur 3,60 m über der Wasseroberfläche flog und für Radar nicht sichtbar war.

Viel hilft viel

Die ersten Flugzeuge hatten nicht nur ein Paar Tragflächen, sondern waren oft Doppeldecker mit zwei oder Dreidecker mit drei Paar Tragflächen. Der französische Marineingenieur Marquis d'Equevilly baute 1907 sein Multiplan sogar mit fünf Paar halben und zwei normalen Flügeln – innerhalb eines kreisförmigen Rahmens. Im Jahr darauf konstruierte er ein weiteres Modell mit 50 Flügeln.

Verrückte Erfindungen
Witzige Wasserfahrzeuge

Wer braucht schon Ruder oder Segel?

Boote mit mechanischem Antrieb sind nicht neu. Schon im Mittelalter hatten Erfinder viele Ideen für Boote mit Paddelantrieb. In einem Manuskript der Zeit ist ein Boot mit Paddelschaufeln dargestellt, das von Kühen angetrieben wird. In einem römischen Buch gibt es eine Zeichnung von einem Paddelboot mit „Ochsenantrieb".

Wasserfahrrad

Warum nicht mit dem Fahrrad auf dem Wasser fahren? Man braucht nur ein Boot, auf das ein Fahrrad geschnallt wird, und treibt mit den Pedalen ein kleines Schaufelrad an. Der Erfinder Judah Schiller aus San Francisco baute das BayCycle und überquerte 2013 als erster die Bucht von San Francisco mit einem Wasserfahrrad.

Wellenschneider

Die Earthrace erinnert eher an ein riesiges Cartoon-Fahrzeug als an ein Boot. Sie war ein Trimaran, ein Boot mit drei Rümpfen. Der lange, spitze Bug sollte nicht wie Rennboote gleiten, sondern durch die Wellen schneiden. Leider scheiterte es beim Versuch, einen Geschwindigkeitsrekord aufzustellen, wegen technischer Probleme. Es wurde in Ady Gil umbenannt und von Gegnern des Walfangs benutzt – bis es ein japanischer Walfänger versenkte.

Delfinboot

Die Seabreacher (gesprochen Siehbriehdscher) ist das merkwürdigste U-Boot aller Zeiten. Das winzige Gefährt ist wie ein Fisch geformt, bietet nur Platz für den Fahrer, wird angetrieben wie ein Jetski und ist ein echter Akrobat. Es kann mit über 65 km/h auf dem Wasser fahren, tauchen, sich drehen und sogar wie ein Delfin aus dem Wasser springen.

Wellengeher

Das WAM-V (wave adaptive modular vessel) sieht aus wie ein Fahrzeug aus einem Star-Wars-Film. Es gleitet auf zwei großen Luftschläuchen, die sich unabhängig voneinander auf den Wellen auf und ab bewegen. Die Passagiere sitzen hoch über dem Wasser in einer Gondel an langen Spinnenbeinen. Wenn die Luftschläuche im Seegang schwanken, bleibt die Gondel ruhig stehen.

Register

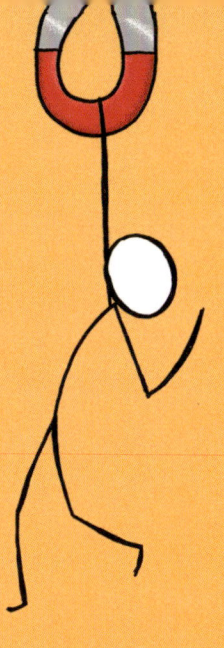